AF558119

Urban Design:
Am Puls der Städte

Annette Haug [Hg.]
Kerstin Viering | Roland Knauer

URBAN DESIGN AM PULS DER STÄDTE

Ludwig

Der Band rekurriert auf ein interdisizplinäre Kolloquium »Urban Design zwischen Vergangenheit, Gegenwart und Zukunft«, das im Frühjahr 2022 an der Christian-Albrechts-Universität zu Kiel stattfand und vom »DenkRaum« der Universität sowie vom Exzellenzcluster »ROOTS. Social, Environmental, and Cultural Connectivity in Past Societies« finanziert wurde. Der Exzellenzcluster übernahm auch die Finanzierung der Publikation.

Inhalt

Willkommen in der Stadt!

Geschlossene Geschäfte, kaum ein Mensch auf der Straße, Stille statt rauschendem Autoverkehr: Während der Lockdown-Phasen im Zuge der Corona-Pandemie haben viele Städte rund um die Welt ein ganz neues Gesicht gezeigt. Wirklich darauf vorbereitet war niemand. Weder auf das ungewohnte Lebensgefühl noch auf die massiven wirtschaftlichen und sozialen Folgen, die eine solche Krise mit sich bringen würde. Nicht wenige Menschen kehrten in dieser Situation der Großstadt den Rücken und flohen vor den Viren in kleinere Orte oder aufs Land.

Solche Phänomene hat es auch früher schon gegeben. Ob in den Zeiten der Pest oder der Spanischen Grippe: Wenn Seuchen wüteten, empfanden Menschen das Leben in Städten oft eher als Bedrohung statt als Privileg. Von Dauer aber war das nicht: Mit sinkenden Krankenzahlen nahm die Lust am Stadtleben prompt wieder zu. Grundsätzlich blieben die Zentren unseres Zusammenlebens also das, was sie in der menschlichen Entwicklungsgeschichte schon immer gewesen waren: Echte Erfolgsmodelle.

Schon vor Jahrtausenden faszinierten sie mit Möglichkeiten, die es auf dem Land vielerorts nicht gab. Städte boten Arbeit, Erlebnisse und Waren, die anderswo nur schwer zu bekommen waren. Wenn überhaupt. Kein Wunder also, dass ihr Lockruf im

Laufe der Jahrhunderte immer lauter wurde – und dass immer mehr Menschen ihm folgten. Daran dürfte sich auch in Zukunft erst einmal wenig ändern. Zu diesem Ergebnis kommt jedenfalls der jüngste »World Cities Report«, den das Programm der Vereinten Nationen für menschliche Siedlungen UN-HABITAT im Juni 2022 herausgegeben hat.

Die Stadt-Flucht durch die Pandemie werde wohl nur ein vorübergehendes Phänomen sein, so heißt es darin. Ein Ende des globalen Trends zum Stadtleben sei zumindest für die nächsten drei Jahrzehnte nicht in Sicht. Wohnten im Jahr 2021 noch 56 Prozent der Weltbevölkerung in Städten, sollen es nach UN-Schätzungen im Jahr 2050 bereits 68 Prozent sein. »Die Städte sind da, und sie werden bleiben«, resümiert der Bericht. »Die Zukunft der Menschheit wird zweifellos urban sein.«

Allerdings lässt der Report auch keinen Zweifel daran, dass viele Städte für diese Zukunft nicht gut gerüstet sind. Denn die Krisen und Herausforderungen dürften nicht weniger werden. Städte müssten sich auf sehr dynamische und oft unvorhersehbare Entwicklungen einstellen, betonen die UN-Fachleute. Gedacht ist dabei nicht nur an neue Seuchen, die künftig noch häufiger von Tieren auf Menschen überspringen könnten. Auch das Thema Krieg ist selbst in Europa wieder von bedrückender Aktualität. Genau wie andere plötzlich auftauchende Unwägbarkeiten von der aufflammenden Inflation mit rasant steigenden Lebenshaltungskosten bis hin zur Unterbrechung von Lieferketten.

Schon länger haben viele Städte zudem mit den Tücken der demografischen Entwicklung zu kämpfen. Rund um die Welt hat der Run auf diese Bevölkerungsmagnete zu massiven sozialen, kulturellen und ökologischen Veränderungen geführt – und damit zu einer ganzen Reihe von Problemen von der Wohnungsnot bis zum drohenden Verkehrskollaps. Dazu kommt, dass auch in den Städten die Menschen immer älter werden. Auch das erfordert ein Umdenken und neue Konzepte, weil ältere Menschen besondere

Anforderungen an ihre Umgebung stellen. Bessere Orientierungsmöglichkeiten können da ebenso wichtig sein wie gut erreichbare Ärzte und Geschäfte.

Und dann ist da noch der Klimawandel, der auch im Sommer 2022 vielerorts wieder zu ungewöhnlicher Hitze geführt hat. Hamburg meldete Temperaturen über 40° C, und selbst aus Großbritannien kamen Bilder von schwitzenden Stadtmenschen, die jedes bisschen Schatten nutzten und Abkühlung in Brunnen suchten. Solche Situationen erwarten Klimafachleute in Zukunft häufiger. Daran sind die Städte keineswegs unschuldig: Immerhin sind sie nach UN-Angaben für rund 70 Prozent der globalen Treibhausgas-Emissionen verantwortlich. Dafür werden sie von den immer extremer werdenden Wetterverhältnissen aber auch am härtesten getroffen.

Ähnliches gilt auch für andere globale Krisen: Ihre Entstehung hat häufig mit dem Leben in Städten zu tun. Und ihre Auswirkungen sind dort oft am heftigsten zu spüren. Umso wichtiger ist es, sich über die Zukunft der Städte Gedanken zu machen: Wie können sie fitter werden für kommende Herausforderungen? Was müssen sie bieten, um die Bedürfnisse ihrer Bewohnerinnen und Bewohner zu erfüllen? Und wovon hängt es ab, ob Menschen sich dort wohl fühlen? Ob es um bezahlbaren Wohnraum geht oder um einen funktionierenden Nahverkehr, um ein möglichst konfliktfreies Zusammenleben oder eine bessere Gesundheitsvorsorge: In den verschiedensten Bereichen sind neue Ideen gefragt.

Diese kann eine Forschungsrichtung liefern, die unter dem englischen Begriff »Urban Design« bekannt geworden ist. Dabei geht es um die Gestalt und Gestaltung von Städten – und zwar in ganz verschiedener Hinsicht. Das Design der Kanaldeckel kann dabei ebenso von Interesse sein wie das von einzelnen Gebäuden oder ganzen Vierteln. Auch stehen keineswegs nur materielle Aspekte im Fokus. Eine Stadt ist schließlich mehr als die Summe ihrer Häuser und Straßen, Plätze und Parks. Sie besteht auch aus

Menschen. Aus Tausenden von Individuen, die alle ihre eigenen Bedürfnisse, Ziele und Träume haben. Die berufliche und private Beziehungen pflegen, kulturelle Interessen entwickeln und vielleicht auch politische Ambitionen verfolgen. Entsprechend sind aus ein paar nebeneinander stehenden Häusern im Laufe der Zeit sehr komplexe Gebilde geworden, in denen wirtschaftliche und soziale, politische, kulturelle und ökologische Aspekte miteinander verflochten sind. All diese Facetten beeinflussen, wie eine Stadt aussieht und wie Menschen sie erleben.

Ein gelungenes Design kann sie sowohl für die Bevölkerung als auch für Gäste aus anderen Regionen deutlich attraktiver machen. Es kann zu mehr Lebensqualität, Gesundheit und Wohlbefinden führen und das Zugehörigkeitsgefühl der Menschen zu ihrem Wohnort stärken. Damit das gelingt, kann man an den verschiedensten Stellschrauben drehen. Entsprechend vielfältig sind auch die Fragen, die in diesem Forschungsfeld auftauchen.

Manche drehen sich um die Gestaltung von Fassaden und Innenräumen, andere um die Nutzung verschiedener Flächen oder die Versorgung mit Wasser und Energie. Fachleute analysieren Verkehrs-, Umwelt- und Gesundheitsprobleme oder beschäftigen sich damit, wie sozialer Sprengstoff entsteht und wie er sich entschärfen lässt. Auch die historische Perspektive ist beim Urban Design sehr wichtig. Denn die Frage, wie man aus Gebäuden, Straßen und all den anderen Puzzleteilen ein möglichst ansprechendes und funktionierendes Ganzes zusammensetzt, hat sich schon vor Jahrtausenden gestellt.

Je nach Epoche und Zielsetzung haben Menschen darauf die unterschiedlichsten Antworten gefunden. Die aber beeinflussen das Gesicht vieler Städte bis heute. So prägen Bau-Entscheidungen der römischen Antike noch immer das Stadtbild und das Straßennetz etlicher Orte im heutigen Italien. Und auch das nicht-materielle Erbe vergangener Zeit kann sehr lange erhalten bleiben. So haben auch das Image von Städten und das Selbstverständnis ihrer Bewohnerinnen und Bewohner ihre Wurzeln oft in früheren Epochen.

Um zu verstehen, wie Städte ticken, muss man sie also aus den unterschiedlichsten wissenschaftlichen Perspektiven betrachten. Deshalb ist fachübergreifende Forschung beim Thema Urban Design besonders gefragt. Aus vielen einzelnen Mosaiksteinchen lässt sich so ein detailreiches Bild von den Städten der Vergangenheit, Gegenwart und Zukunft zusammensetzen.

Genau das war das Ziel eines interdisziplinären Kolloquiums, das im März 2022 am Wissenschaftszentrum Kiel stattfand. Fachleute der Christian-Albrechts-Universität zu Kiel und der Fachhochschule Kiel, der HafenCity Universität Hamburg und der Landeshauptstadt Kiel, der Muthesius Kunsthochschule Kiel und des Universitätsklinikums Schleswig-Holstein beleuchteten die unterschiedlichsten Facetten von Urban Design. Aus diesem Kaleidoskop der Stadtbilder ist das vorliegende Buch entstanden. Es lädt alle Interessierten dazu ein, sich mit zwei drängenden Zukunftsfragen zu beschäftigen: In welchen Städten wollen wir leben? Und wie kriegen wir das hin?

Das Flüstern der Jahrhunderte:

Was Städte zu erzählen haben

Jede Stadt hat eine Biografie, an der Generationen von Menschen mitgeschrieben haben: Mächtige, wohlhabende, künstlerisch begabte – und ganz normale Leute. Seite um Seite haben sie mit Episoden über die Chancen und Tücken des Zusammenlebens gefüllt. Über Frieden und Krieg, Wohlstand und Armut, hochfliegende Träume und die Spiele der Macht. Helden und Heilige geistern ebenso durch die Handlung wie Hochstapler und Verbrecher. Oder das, was man im Laufe der Jahrhunderte dafür hielt.

Zu allen Zeiten aber hat es Menschen gegeben, die diese Geschichten gezielt beeinflussen wollten. Mit ehrgeizigen Bauprojekten, aber auch mit Werbekampagnen und sorgfältig gestrickten Legenden haben sie versucht, ihre eigenen Kapitel hinzuzufügen. Manchmal zum persönlichen Ruhm und Nutzen. Manchmal aber auch, um die eigene Stadt leuchten zu lassen und deren Konkurrenz in den Schatten zu stellen.

Viele dieser Geschichten sind noch immer äußerst lebendig. Man kann sie sich nicht nur von einzelnen Bauwerken oder ganzen Stadtbildern erzählen lassen, sondern auch von Kunstwerken, literarischen Texten oder historischen Berichten. Und sie stecken auch noch in vielen Köpfen. So spielen Hamburg, Lübeck oder Stralsund bis heute mit ihrem Image als Handelszentren in der Tradition der Hansekaufleute. Und wer am Bahnhof von Bamberg ankommt, wird mit dem Slogan »Grüß Gott im fränkischen Rom« begrüßt – einem Titel, mit dem sich die auf sieben Hügeln erbaute Stadt schon im Mittelalter schmückte.

Andere Metropolen der Vergangenheit sind heute nur noch Schatten ihrer einstigen Größe, manche sogar weitgehend vergessen. Die Geschichten dieser Städte schlummern in Ruinen, verbergen sich im Erdreich oder unter neueren Bauwerken. Doch auch sie lassen sich durch archäologische Untersuchungen wieder hörbar machen. Und das lohnt sich. Denn jede Stimme einer Stadt hat Interessantes zu erzählen. Über die Vergangenheit, die Gegenwart und die Zukunft des menschlichen Zusammenlebens.

Die ersten Städte Europas

Wo aber liegen die Wurzeln all dieser Geschichten? Die historische Forschung geht derzeit davon aus, dass sich die Zentren des menschlichen Zusammenlebens in ganz unterschiedlichen Regionen der Erde unabhängig voneinander entwickelt haben. Die Linie der europäischen Städte lässt sich dabei bis zu den frühen Metropolen Mesopotamiens zurückverfolgen. In diesem »Zweistromland« um die Flüsse Euphrat und Tigris gab es spätestens um das Jahr 3500 vor unserer Zeitrechnung schon echte Metropolen mit hohen Bevölkerungsdichten. Auch einen bürokratischen Verwaltungsapparat und ein auf religiöser Macht beruhendes Herrschaftssystem hatte man in Orten wie Babylon, Ninive oder Ur im heutigen Irak bereits erfunden.

Weniger bekannt ist aber, dass es damals auch in Osteuropa schon Städte gab. Zwischen 4100 und 3650 vor unserer Zeitrechnung hatten Menschen der sogenannten Tripolje-Kultur beschlossen, statt in verstreuten Flecken in großen Siedlungen

1
Die 2 km^2 große Megasite Maidanetske war um 3800 v. Chr. nach einem einheitlichen Konzept angelegt worden: konzentrische Hausreihen, ein öffentlicher Ringkorridor mit Versammlungshäusern und andere Viertel um einen freien zentralen Platz

zu leben. Spuren solcher »Megasites« hatten sowjetische Fachleute schon in den 1970er Jahren auf Luftbildern von verschiedenen Regionen in der Ukraine und der Republik Moldau entdeckt. Im Jahr 2012 haben dann internationale Forschungsgruppen zusammen mit der Ukrainischen Akademie der Wissenschaften damit begonnen, diese Metropolen zwischen Gras- und Waldsteppe weiter auszugraben und genauer unter die Lupe zu nehmen. Auch ein Team um Johannes Müller vom Institut für Ur- und Frühgeschichte der Christian-Albrechts-Universität zu Kiel (CAU) hat diesen Überresten der ersten europäischen Städte schon spannende Geschichten entlockt.

Typischerweise sind diese geheimnisvollen Fundstätten größer als einen Quadratkilometer, einige übertreffen mit einer Fläche von mehr als drei Quadratkilometern sogar norddeutsche Städte des Spätmittelalters (Abb. 1). Und sie waren dicht bevölkert. Erhalten geblieben sind die Reste von bis zu 3000 Häusern, die Einwohnerzahl dürfte zwischen 5000 und 15000 gelegen haben. Und alle diese Orte zeigen ein ganz ähnliches Design: Die Häuser waren in konzentrischen Ringen angeordnet, dazwischen lagen 50 bis 100 Meter breite, unbebaute Korridore. Wege führten vom Rand der Siedlung radial bis zu einem großen, freien Platz im Zentrum.

Zu Beginn der Forschungsarbeiten hatte das Kieler Team angenommen, dass diese frühen Städte nicht viel mehr waren als zusammengewürfelte Dörfer. Zwar hätten die Menschen damals ihre verstreuten Siedlungen aufgegeben, um gemeinsam an einem Ort zu leben. Die alten Dorfstrukturen seien dabei aber erhalten geblieben. Man habe im Grunde gearbeitet, gelebt und Entscheidungen getroffen wie früher – nur eben in direkter Nachbarschaft zu vielen ähnlichen Gemeinschaften.

Im Laufe der Untersuchungen hat sich aber gezeigt, dass diese Theorie nicht stimmt. Denn die frühen Großstädte waren von Anfang an als solche durchgeplant – und zwar immer nach einem ähnlichen Grundkonzept. Zunächst rodete man ein Stück Land, dann wurde der meist ovale Platz im Zentrum der neuen Siedlung angelegt und mit einem Graben oder einer anderen Einfriedung umgeben. Dazu kam auch schon erste Infrastruktur wie etwa ein gemeinschaftlich genutzter Töpferofen. Zudem haben die Stadtgestalter gleich zu Beginn den künftigen Verlauf der Wege und die konzentrischen Kreise für die Häuser markiert. Erst danach wurde dort mit dem Wohnungsbau angefangen. Zunächst entstanden die Häuser dabei nur auf einzelnen Grundstücken, die Baulücken dazwischen wurden später im Laufe der Generationen geschlossen.

Blüte und Untergang

Doch nicht nur das gestalterische Konzept dieser »Megasites«, sondern auch das Leben darin folgte neuen Regeln. Man baute im Umland zwar nach wie vor Getreide an, hielt Rinder und Schweine, Ziegen und Schafe. Doch man begann auch schon, sich auf verschiedene handwerkliche Tätigkeiten zu spezialisieren. In einigen Häusern hat das Forschungsteam zum Beispiel viele Überreste von Textilarbeiten gefunden. Andere Stadtbewohner konzentrierten sich offenbar auf Metallarbeiten, die in einem überregionalen Handelsnetz ausgetauscht wurden. Oder sie fertigten mehrfarbige Keramik in den speziellen Töpferöfen, die an verschiedenen Stellen der Stadt als zentrale Infrastruktur zur Verfügung standen.

Außer der Arbeitswelt hat das Leben in der Großstadt aber auch die Entscheidungsprozesse auf neue Füße gestellt. Auch das lässt sich aus archäologischen Befunden ablesen. Es gab in den neuen Siedlungen nämlich nicht nur normale Häuser, die meist eine Grundfläche zwischen 40 und 120 Quadratmetern hatten. Zusätzlich standen an Wegkreuzungen und anderen gut sichtbaren Stellen des öffentlichen Raums auch deutlich größere Gebäude. Diese sogenannten Megastrukturen waren Zentren der Wirtschaft und Verwaltung, der Riten und der Politik. Hier verarbeitete und verteilte man Getreide oder andere Überschüsse und hielt Versammlungen ab. Denn um die Angelegenheiten von etlichen Tausend Leuten zu regeln, genügten ein paar Diskussionen in der Nachbarschaft nicht mehr. Politische Entscheidungen für die ganze Stadt mussten her.

Wie diese gefällt wurden, lässt sich in der Großsiedlung Maidanetske erahnen, die etwa 180 Kilometer südlich von Kiew liegt. Als dieser Ort um 4100 vor unserer Zeitrechnung gegründet wurde, besaß er zunächst mindestens drei Arten von Verwaltungsgebäuden unterschiedlicher Größe (Abb. 2). Die kleinsten waren

2 Ein Versammlungshaus innerhalb des Ringkorridors

wahrscheinlich für die direkte Nachbarschaft zuständig, die mittleren für die jeweiligen Viertel und die größten für die ganze Stadt. Mit der Zeit aber wurden die Gebäude für die unteren und mittleren Entscheidungsebenen immer kleiner, bis sie schließlich ganz verschwanden. Möglicherweise ist das ein Zeichen für eine Verschiebung der Macht: Hatte diese vorher in vielen verschiedenen Händen gelegen, die über die ganze Stadt verteilt gewesen waren, konzentrierte sie sich nun offenbar auf eine zentrale Instanz.

Ob das bei der Bevölkerung gut angekommen ist? Die Kieler Forscherinnen und Forscher haben da ihre Zweifel. Denn gerade das Streben nach Gleichheit könnte damals ein wichtiger Grund gewesen sein, sich überhaupt für ein Stadtleben zu entscheiden. Anders als in den Metropolen an Euphrat und Tigris dürfte es in den ersten Städten Osteuropas keine sonderlich strengen Hierarchien gegeben haben. Zumindest anfangs nicht. Je stärker sich

3
Die Reste eines freigelegten Hauses

die Entscheidungsgewalt auf zentrale Stellen konzentrierte, desto größer wurde die Ungleichheit auch dort. Und das dürfte wohl längst nicht jedem gefallen haben.

Vielleicht liegt hier auch die Lösung für ein Rätsel, das die Forschung lange umgetrieben hat: Warum sind die großen Städte der Tripolje-Kultur nach nur etwa 250 Jahren Blüte untergegangen? Weder hat sich damals das Klima geändert, noch hat ihnen ein Raubbau an den Ressourcen das Wasser abgegraben. Es könnte zwar durchaus sein, dass in den dicht besiedelten Metropolen häufiger Krankheiten ausgebrochen sind. Fachleute vermuten jedenfalls, dass dort zum ersten Mal in Europa günstige Bedingungen für die Entstehung von Seuchen herrschten. Doch ob die Menschen deshalb gleich ganze Städte komplett aufgegeben haben?

Johannes Müller und sein Team haben einen ganz anderen Verdacht. Demnach sind die ersten Metropolen Europas wohl tatsächlich an Managementproblemen gescheitert. Mehr als 10.000

Leute ließen sich offenbar nicht zentral verwalten. Das Konzept war nicht aufgegangen, es hatte zum Kollaps der städtischen Lebensweise geführt. Ein letztes Mal folgte man einem großen Plan. Diesmal für das Ende der Mega-Siedlungen. Man brannte alle Gebäude nieder, die Bevölkerung zerstreute sich wieder in alle Winde (Abb. 3). Das Projekt Großstadt war erst einmal zu den Akten gelegt. In den meisten Teilen Europas sollte es bis zum Mittelalter dauern, bis sich wieder so viele Menschen gemeinsam an einem Ort ansiedelten.

Antiker Glanz

Für die Regionen am Mittelmeer galt das allerdings nicht. Im römischen Reich zum Beispiel florierte das urbane Leben schon in der Antike. Was muss eine echte Stadt bieten, um als ästhetisch, lebenswert und modern zu gelten? Wie kann sie im Wettbewerb mit anderen Städten bestehen? Und dient das eine oder andere Bauprojekt vielleicht doch eher dem Prestige seiner Sponsoren als dem Nutzen der Gesellschaft? Solche Diskussionen waren schon damals an der Tagesordnung. Sie hatten einen großen Einfluss darauf, wie die Städte aussahen, wie man sie erlebte und über sie sprach.

Die monumentalen Prachtbauten (Abb. 4) und eindrucksvollen Stadtbilder, die aus dieser Zeit erhalten geblieben sind, haben bis heute viel zu erzählen. Über das Streben nach Ästhetik und Kultur. Aber auch über Ehrgeiz, Machtstreben und Konkurrenzkämpfe. Patric-Alexander Kreuz vom Institut für Klassische Altertumskunde der CAU kennt das beispielsweise von den römischen Städten der Levante.

Am östlichen Mittelmeer hatte es schon seit Jahrhunderten Städte gegeben, manche waren sogar Jahrtausende alt. Und etliche hatten es bereits zu eindrucksvoller Größe gebracht. Doch als die Levante-Städte ab dem ersten Jahrhundert vor unserer

4
Das römische Theater im modernen Stadtzentrum von Amman

5
Mehrstöckiger Prachtbrunnen (Nymphäum) in Gerasa aus dem späten 2. Jh. n. Chr.

Zeitrechnung unter römische Herrschaft fielen, wurde in ihrer Geschichte ein ganz neues Kapitel aufgeschlagen. In wenigen Generationen veränderte sich ihr Gesicht massiv.

So kam Gerasa im heutigen Jordanien im zweiten Jahrhundert innerhalb von Jahrzehnten zu zwei Theatern, einer ovalen Platzanlage und einem Forum. Dazu schufen die Baumeister eine Markthalle, mehrere Bäder und eine prächtige Brunnenanlage, ein sogenanntes Nymphäum (Abb. 5). Die religiöse Infrastruktur wurde um ein Heiligtum für die griechische Göttin Artemis und einen neuen Zeus-Tempel bereichert. Vor dem Südtor der Stadt

6
Das monumentale Stadtzentrum des antiken Gerasa aus der Luft

entstand eine große Pferderennbahn, und die Hauptstraße wurde zu einer eindrucksvollen Säulenstraße ausgebaut (Abb. 6).

Ganz ähnliche Initiativen gab es im ersten und zweiten Jahrhundert auch anderenorts in der Region: Man baute monumental und verpasste den Städten ein komplett neues Design. Überall stampfte man Heiligtümer und Theater, Bäder und andere Gebäude aus dem Boden (Abb. 7), die nach römischem Verständnis für städtische Lebensart unverzichtbar waren. Auch spektakuläre Säulenstraßen wie in Gerasa waren im zweiten Jahrhundert groß in Mode. Kilometerlang zogen sie sich mancherorts von Stadttor zu Stadttor, bis zum Horizont ragten zum Teil mehr als tausend Säulen zehn Meter hoch in den Himmel (Abb. 8). Diese Straßen waren Schmuckstücke ihrer Städte, ihre Architektur schuf ganz neue Perspektiven. Doch sie waren auch extrem teuer und aufwändig im Bau. Man musste in Kauf nehmen, dass sich die Hauptstraße für sehr lange Zeit in eine Baustelle verwandeln würde. Doch dazu waren die antiken Stadtgestalter offenbar bereit.

Natürlich wurde schon damals nicht jedes ehrgeizige Projekt auch tatsächlich umgesetzt. Wer aber entschied darüber, was

7 Sogenannter Großer Tempel in Petra im Zentrum der antiken Stadt

8 Säulenstraße im syrischen Apameia

Priorität hatte und welche Pläne unbeachtet verstaubten? Diese Frage kann Patric-Alexander Kreuz sehr gut beantworten: Im Gesicht einer Stadt spiegelten sich die lokalen Machtverhältnisse. Hinter den zahllosen Bauvorhaben an der Levante steckten nämlich weder maßgeblich der Staat noch der Kaiser oder irgendwelche Vertreter der Zentralmacht in Rom. Es waren vorrangig die Eliten vor Ort, die den Gebäuden, Straßen und Plätzen ihren

Stempel aufdrückten. Reiche Bürger, die Ämter innehatten, in Gremien und im Rat aktiv waren und untereinander in einem ständigen Wettstreit um Einfluss und Ansehen standen.

Wer so eine Position bekleidete und diese auch behalten wollte, musste sich immer wieder ins rechte Licht rücken. Ein möglichst eindrucksvolles öffentliches Gebäude zu stiften und von der Stadt dafür geehrt zu werden, konnte da nur nützlich sein. Es brachte Prestige, unterstrich den Wohlstand und gesellschaftlichen Einfluss des Sponsors und machte ihn im Stadtbild sichtbar. Und mit etwas Geschick ließ sich die Werbemaßnahme in eigener Sache auch noch als selbstlose und bürgerfreundliche Großzügigkeit verkaufen.

»Nicht kleckern, sondern klotzen«, lautete dabei die Devise. Sehr deutlich wird das zum Beispiel bei einem Mann namens Dion, der an der Wende vom ersten zum zweiten Jahrhundert zu den Honoratioren der kleinasiatischen Stadt Prusa gehörte. Er wolle *»die Stadt verschönern und, wenn möglich, nicht nur mit Säulenhallen und Wasserspielen, sondern auch mit Mauern, Häfen und Schiffswerften ausstatten«*, bekannte er damals in einer Rede (Übersetzung von Winfried Ellinger, Zürich 1967).

Dabei ging es allerdings nicht nur darum, die Konkurrenten in der eigenen Heimatstadt auszustechen. Mit genauso viel Ehrgeiz wurde der Wettstreit zwischen verschiedenen Städten ausgefochten. Schließlich standen deren Eliten untereinander in Kontakt und wussten daher ziemlich genau, wo andere Orte im Rennen um die spektakulärste Architektur und das urbane Lebensgefühl standen. Was die Honoratioren dabei verband, waren ähnliche Vorstellungen von Ästhetik und einem gelungenen Design. Deshalb griffen sie bei ihren Projekten immer wieder auf ähnliche Gebäude und Dekors zurück. An der Levante entstanden daher überall Stadtbilder mit monumentaler Architektur, die uns heute eindrücklich als »römisch« erscheinen. Sie spiegelten allerdings vor allem regionale Vorstellungen von einem angemessen urbanen Erscheinungsbild. Rom selbst war dabei nicht unbedingt das angestrebte Vorbild.

Heilig, heiliger, am heiligsten

Im Mittelalter war die »ewige Stadt« dagegen ein Ort, auf den man aus vielen Regionen Europas voller Bewunderung blickte. Denn auch in dieser Epoche, die um das Jahr 500 begann und rund tausend Jahre dauerte, blieb die Konkurrenz zwischen den Städten lebendig. Man versuchte nicht nur, den Wettbewerbern auf politischem, wirtschaftlichem und militärischem Gebiet das Wasser abzugraben. Auch Ästhetik und Architektur waren weiterhin durchaus geeignete Mittel der Auseinandersetzung. Genau wie allerlei Geschichten, die man zur Imagepflege in die Welt setzte. Nur stand dabei nun vor allem ein Thema im Vordergrund: Die christliche Religion. Heiligkeit wurde zum Wettbewerbsvorteil.

Wie sich das im Design der Städte niederschlug, untersucht ein Team um Andreas Bihrer vom Historischen Seminar der Kieler Universität. Zu den Forschungsschwerpunkten des Historikers gehören unter anderem die Helden, Heiligen und Stadtpatrone des Mittelalters. Und von denen gab es nicht wenige. Bei seiner Arbeit stößt der Forscher immer wieder auf die verschiedensten Akteure und Gruppen, Netzwerke und Institutionen, die mithilfe der Religion ihre eigenen Ziele verfolgten – innerhalb der Stadtmauern und darüber hinaus.

Ob es um politischen Einfluss, wirtschaftlichen Erfolg oder militärische Konflikte ging: Wer überzeugend religiöse Motive oder sogar die Unterstützung von Heiligen ins Feld führen konnte, war klar im Vorteil. Heiligkeit war damals keine abstrakte Idee, an die man nur beim Kirchenbesuch dachte. Sie beeinflusste das tägliche Leben, stiftete Gemeinschaftsgefühle, konnte über Siege und Niederlagen entscheiden. Und sie prägte das Gesicht der mittelalterlichen Städte.

9
Mauritiusrotunde neben der Konstanzer Kathedrale mit der Nachbildung des Heiligen Grabes, aus dem Jahr 1260

Deren Designer nutzten damals sehr gern das Bild der »heiligen Stadt«. Rom und Jerusalem waren dabei die Vorbilder der Wahl. Diesen symbolischen Orten des Christentums galt es nachzueifern, sich in ihre Tradition zu stellen – und sie wenn möglich sogar zu übertreffen. Also imitierte man die Stadtmauer von Jerusalem, das Heilige Grab oder die Gestalt und Lage römischer Kirchen. Und natürlich wurden die Gemeinsamkeiten mit den berühmten Vorbildern dann auch voller Eifer publik gemacht. Außer Bamberg verstanden sich im Mittelalter auch zahlreiche andere europäische Städte als »zweites Rom«.

In Konstanz mochte sich Bischof Konrad im 10. Jahrhundert allerdings nicht so recht entscheiden, ob er das größte Bistum nördlich der Alpen zu einem weiteren Rom oder lieber zum »neuen Jerusalem« machen sollte. Warum also nicht beides anstreben? Konrad hatte die Macht und die Mittel dazu. Zumal er die Stadt am Bodensee nicht nur als geistliches Oberhaupt, sondern auch als weltlicher Herrscher regierte. Diesen beträchtlichen Einfluss nutzte er, um seinen Sitz nach einem klaren Konzept umzugestalten.

Er gründete eine neue Stiftskirche, die dem heiligen Mauritius geweiht war, und ließ dort die Nachbildung des Heiligen Grabes in Jerusalem einbauen (Abb. 9). Eine schon bestehende Kirche des heiligen Laurentius ließ er nicht nur erneuern, sondern auch mit Reliquien ausstatten, die er selbst aus Rom mitgebracht hatte. Die Wahl der beiden Heiligen war dabei kein Zufall. Denn man meinte, dass deren Unterstützung bei der Schlacht auf dem Lechfeld im Jahr 955 den kaiserlichen Truppen den Sieg beschert habe. Konstanz wurde damit also nicht nur in religiöser Hinsicht aufgewertet, sondern auch als eine Art »kaiserliche Stadt« etabliert.

Damit war Konrads Gestaltungsdrang aber noch nicht befriedigt. Er gründete zwei weitere Kirchen und stiftete ein Spital, dem er einen Splitter vom Heiligen Kreuz übergab. Bei all dem hatte er wohl vor allem seinen Amtsbruder Ulrich im Blick, der in Augsburg ähnlich ehrgeizige Pläne verfolgte. Vor allem ihn wollte er übertrumpfen und in die Schranken verweisen. Doch auch den Ambitionen der mächtigen Abteien Sankt Gallen und Reichenau am Bodensee galt es, mit den Mitteln der Architektur etwas entgegenzusetzen.

Bei seinen Zeitgenossen und den folgenden Generationen kamen diese Bemühungen oft sehr gut an, und so wurde Konrad schon kurz nach seinem Tod wie ein Heiliger verehrt – eine Tatsache, die einer seiner Nachfolger für seine eigenen Zwecke zu nutzen wusste. Ulrich I. war von 1111 bis 1127 Bischof von Konstanz. Doch während des sogenannten Investiturstreits, als Kaiser und Papst um die Vormacht stritten, musste er einige Jahre lang um sein Amt kämpfen. Da konnte es nur nützlich sein, in aller Öffentlichkeit in die Fußstapfen eines Heiligen zu treten.

Also ließ Ulrich eine Lebensbeschreibung seines Vorgängers Konrad verfassen und eine Liste der Wunder zusammenstellen, die dieser angeblich bewirkt hatte. Tatsächlich hatte die Kampagne Erfolg: 1123 wurde Konrad in Rom heiliggesprochen. Zuhause in Konstanz gab es daraufhin eine feierliche Zeremonie, bei der seine Gebeine unter den Augen von weltlicher und kirchlicher Prominenz und zahlreichen Gläubigen in einen neuen Schrein umgebettet wurden. Für Ulrich war das eine gute Gelegenheit, die Konstanzer Bevölkerung mit einem neuen städtischen Heiligen für sich zu gewinnen und eine neue Einheit von Bischof, Domkapitel, Klerus und Bürgern zu demonstrieren. Eine blühende Zukunft stehe Konstanz bevor, so lautete die Botschaft. Natürlich nur unter der Führung von Bischof Ulrich – dem Nachfolger eines Heiligen.

10
Feuervergoldete Kupferscheibe mit der Darstellung Konrads von Konstanz, die Mitte des 13. Jhs. am Ostgiebel der Kathedrale angebracht wurde

11
Brustrelief Konrads von Konstanz aus dem Jahr 1470, das oberhalb des linken Türflügels am Westportal der Konstanzer Kathedrale angebracht war

12
Notgeldschein, der den Heilige mit seinem Attribut (Kelch mit Spinne) und eine Stadtsilhouette zeigt, bei der die Kirchtürme dominieren. Der Schein wurde anlässlich der 800-Jahrfeier der Heiligsprechung Konrads von Konstanz vom Stadtrat ausgegeben

Dieser sollte aber nicht der letzte Konstanzer bleiben, der Konrad für seine Zwecke nutzte und im Stadtbild verankerte. So wurde Ende des 13. Jahrhunderts an der Stirnseite der Bischofskirche eine vergoldete Kupferscheibe mit dem Gesicht des Heiligen angebracht (Abb. 10), ab dem 15. Jahrhundert zierte ein Bild von ihm das wichtigste Tor der Stadt (Abb. 11). Und auch in den folgenden Jahrhunderten blieb der Heilige durch Prozessionen und Feiertage, Figuren und Reliefs, Glasscheiben und Münzen präsent. Im 17. Jahrhundert prangte er auf Geschützen, 1923 auf Notgeldscheinen (Abb. 12). Und seit 1966 läutet in Konstanz die Konradsglocke.

Aus den Legenden in die Köpfe

Auch in anderen Städten kann das Team um Andreas Bihrer die Geschichten von Heiligen rekonstruieren, die im Mittelalter für die verschiedensten Interessen eingespannt wurden. Genutzt wurden sie in der Regel als Zeugen für die Gottgefälligkeit der jeweiligen Orte und ihrer Gestalter. Um diese Botschaft immer wieder zu unterstreichen, wurden sie nicht nur als Patrone von Kirchen ausgewählt. Man verehrte ihre Reliquien, beging ihre Feiertage, veranstaltete Prozessionen und Feste für sie. In der Architektur waren sie ebenso sicht- und erlebbar wie in der Liturgie der Gottesdienste, in der Kunst oder Musik. Und mancherorts ist die Erinnerung daran noch immer lebendig.

So prägen sakrale Bauten oder Figuren und Bilder von Heiligen bis heute nicht nur die Städte der christlichen Welt. Auch in säkularisierten Gesellschaften blieben Gebäude wie Kirchen oder Heiligenstatuen an zentralen urbanen Orten stehen und bestimmen die Stadtbilder. An Feiertagen oder beim Gedenken an Opfer von Gewalttaten, Naturkatastrophen oder Unglücken kommt Kirchen weiterhin eine wichtige soziale Rolle im urbanen Leben zu. Und durch die (Wieder-)Errichtung von Synagogen,

Moscheen und Räumen anderer Glaubensrichtungen wird die Sakraltopographie moderner westlicher Städte auch wieder vielfältiger. Die Unterschiede im Urban Design zwischen säkularisierten und religiösen Gesellschaften sollte man nach Ansicht von Andreas Bihrer vor diesem Hintergrund nicht überbewerten.

Außer in Gebäuden, Statuen und Bildern sind die Geschichten der mittelalterlichen Heiligen aber auch in schriftlicher Form für die Nachwelt erhalten geblieben. Schließlich wurden damals zahlreiche Texte verfasst, die das Leben und Wirken dieser Menschen beschrieben und in den Köpfen der Leute verankerten.

Allerdings haben die Autoren des Mittelalters nicht nur über heilige Orte und deren Personal geschrieben. Auch Städte wie Troia (Abb. 13) und sogar Babylon, das sich aus Sicht damaliger Christen keineswegs als Vorbild eignete, waren ein beliebtes Thema. Aus den Geschichten, die sich um diese steingewordenen Legenden rankten, können Fachleute wie Margit Dahm vom Germanistischen Seminar der Kieler Universität heute noch spannende Informationen herauslesen. Deshalb hat die Expertin für mittelalterliche Literatur die Darstellung von Städten in den damaligen Büchern zu einem ihrer Forschungsschwerpunkte gemacht.

In den bekanntesten Werken des Mittelalters ist zu dem Thema allerdings wenig zu finden. Im »Parzival« von Wolfram von Eschenbach oder im »Tristan« von Gottfried von Straßburg spielen Städte genauso wenig die Hauptrolle wie im anonym überlieferten »Nibelungenlied« oder in den vielen Romanen über König Artus und seine Ritter. Die meisten Schriftsteller des 12. und 13. Jahrhunderts verlegten die Handlung ihrer Geschichten lieber an die Höfe des Adels. Im deutschsprachigen Raum lebten damals einfach zu wenige Menschen in Städten, als dass sich diese als Roman-Schauplätze angeboten hätten.

Es gibt allerdings Ausnahmen, und einige Städte wurden sogar sehr ausführlich beschrieben. Das antike Troia und die Ereignisse,

13
Darstellung Trojas aus der Trojanerkrieg-Handschrift von 1444/45

die zu seinem Untergang führten, waren zum Beispiel ein durchaus beliebtes Thema. So hat der Dichter Konrad von Würzburg im späten 13. Jahrhundert versucht, die antike Stadt in üppigen 350 Versen wieder zum Leben zu erwecken. Der Schauplatz seines »Trojanerkriegs« kommt dabei auf den ersten Blick sehr gut weg. Denn der Autor malt eine Kulisse von fast überirdischer Schönheit:

»Ganz wie ein irdisches Paradies
erschien die wünschenswerte Stadt,
denn sie leuchtete wunderschön
von verschiedenen kostbaren Dingen.«

Wenn man dem Dichter glauben will, dann war Troia eine strahlende Stadt voller Marmor, Gold und Edelsteine. Selbst die Wachtürme sollen goldene Dächer getragen haben. Mit der Realität hatte das allerdings nicht viel zu tun, betont Margit Dahm. Konrad von Würzburg gilt zwar als durchaus »städtischer« Autor, der nach seinem Weggang aus Franken lange in Basel gelebt und gearbeitet hat. Doch was er beschreibt, ist keiner echten Stadt nachempfunden – weder einer antiken noch einer mittelalterlichen.

Sein Troia ist ein Fantasiegebilde. Ein Symbol für die Antike, deren hoch entwickelte Kultur man im Mittelalter zwar anerkannte, gleichzeitig aber auch misstrauisch beäugte. Konrad deutet sogar an, dass die heidnische Stadt nur durch schwarze Magie zu solcher Pracht gekommen sei. Und das durfte natürlich nicht ungestraft bleiben. Also musste Troia in den damaligen Erzählungen untergehen, damit ein Flüchtling von dort die Heilige Stadt Rom gründen konnte (Abb. 14).

Aus literarischen Texten kann Margit Dahm also nicht rekonstruieren, wie Städte im Mittelalter oder davor tatsächlich ausgesehen und funktioniert haben. Sehr wohl aber verraten die Schilderungen, welche Vorstellungen man damals von Städten

14
Darstellung des Trojanischen Pferds, das in die bereits brennende Stadt gebracht wird; aus der 1441 entstandenen Bilderhandschrift des Trojanerkriegs von Konrad von Würzburg

und dem dortigen Leben hatte. Die Kombination von Luxus und Sünde ist dabei ein häufiges Motiv.

Bei wohl keiner anderen Stadt wird das so deutlich wie bei Babylon, das schon im Alten Testament als »Mutter der Hurereien« geschildert wird. Diese Beschreibungen haben etliche Autoren des Mittelalters in den schillerndsten Farben ausgeschmückt, wenn sie ein Symbol für Reichtum, Dekadenz und sündigen Lebenswandel brauchten (Abb. 15).

15

Darstellung des Turmbaus zu Babel. Über der Spitze des Turms sieht man zwei Engel, die jeweils einen Arm zum Schlag erhoben haben. Die Miniatur stammt aus dem berühmten Stundenbuch von Bedford, einer Gebetssammlung, die zwischen 1410 und 1415 geschaffen wurde und die später dem Herzog von Bedford gehörte

Heute gehört die antike Weltstadt am Euphrat zum Welterbe der Menschheit. Doch ihr zweifelhaftes Image hat sie behalten. So ist es kein Zufall, dass eine bekannte Serie über das Berlin der 1920er Jahre ausgerechnet »Babylon Berlin« heißt. Denn auch hier geht es um eine Großstadt in sozialer Auflösung, in der sich Luxus und Dekadenz, Kriminalität und Prostitution zu einem gefährlichen Cocktail vermischen.

Das Erbe wird sichtbar

Zwar spielt die christliche Religion in Deutschland heute längst nicht mehr so eine große Rolle wie im Mittelalter. Doch die kirchlichen Bauwerke und Figuren, Bilder und Geschichten prägen das Gesicht vieler Städte bis heute. Es gibt allerdings auch Orte, die sich lieber auf andere Aspekte ihres historischen Erbes berufen. Lübeck zum Beispiel galt zwischen dem 12. und dem 16. Jahrhundert als »Königin der Hanse«, als eine der einflussreichsten Städte in diesem mächtigen Handelsbund (Abb. 16). Und in dieser Tradition sieht sich die Hansestadt bis heute.

Allerdings wurde die Altstadt durch einen Bombenangriff im Jahr 1942 weitgehend zerstört. Statt historischer Kaufmannshäuser schossen dort in den 1950er Jahren moderne Zweckbauten aus dem Boden. Doch das war noch nicht das Ende der Geschichte. Für Ulrich Müller vom Institut für Ur- und Frühgeschichte der CAU ist Lübeck ein gutes Beispiel dafür, wie viel die Archäologie für das heutige Design von Städten leisten kann.

Was diese Wissenschaft zutage fördert, sind die Wurzeln des urbanen Zusammenlebens. Mauerreste, Alltagsgegenstände und die verschiedensten anderen Fundstücke erzählen sehr anschaulich vom Leben in früheren Epochen. Und das stößt nach Erfahrung des Forschers oft auf lebhaftes öffentliches Interesse. Er sieht darin die Chance, die Geschichte und die Geschichten der jeweiligen Stadt auch für Laien wieder zum Leben zu erwecken.

16
Dargestelltes Erbe. Ausschnitt aus der Lübecker Stadtansicht des Elias Diebel (1552)

Direkt vor Ort kann die Archäologie ein Schaufenster in die Vergangenheit öffnen, das die Überreste vergangener Jahrhunderte präsentiert und erklärt. Und manchmal lässt sich dieses Erbe sogar in die moderne Stadtgestaltung mit einbeziehen.

Diese Idee versucht die Stadt Lübeck in ihrem ältesten Kaufmannsviertel zu realisieren. Bei einer großen archäologischen Grabung in den Jahren 2009 bis 2015 kamen zwischen Marienkirche und Trave Funde aus den Zeiten der Stadtgründung um 1142/43 und Keller aus dem 13. Jahrhundert (Abb. 17) ans Licht. Zwar konnten die Reste der ältesten Holzhäuser und der Infrastruktur aus der Gründungszeit nicht erhalten werden. Ansonsten aber soll die mittelalterliche Stadt auf dem rund 10.000 Quadratmeter großen Areal zumindest in Ansätzen wieder auferstehen. Nicht 1:1 natürlich. Es geht vielmehr darum, das Idealbild der Stadt von damals bis in die Moderne fortzuschreiben.

Ein Parkplatz und zwei Berufsschulgebäude aus den 1950er Jahren mussten also weichen, damit das neu gestaltete Viertel wieder ein »hanseatischeres« Gesicht zeigen konnte. Die Straßenführung

17
Gebautes Erbe. Kellergrundmauern des 13. Jahrhunderts in Lübeck (Fischstraße)

und die Anordnung der Gebäude, der Zuschnitt der Grundstücke und die neu gebauten Giebelhäuser orientieren sich nun wieder am historischen Vorbild (Abb. 18). Genau wie die Idee, das Quartier so vielfältig zu nutzen, wie es in den Städten früherer Jahrhunderte üblich war. Auf Wohnraum für Mehrgenerationen-Projekte und Familien mit Kindern wird dabei ebenso Wert gelegt wie auf die Mischung von Wohnen und Arbeiten. So soll das Erdgeschoss der Häuser beispielsweise für Läden, Büros, Gastronomie und Service-Angebote genutzt werden.

Um den Zusammenhang zwischen heute und damals deutlich zu machen, wird die Geschichte des Quartiers in einem archäologisch-historischen Rundgang präsentiert. Ulrich Müller hat aber noch mehr Ideen, wie sich das Flüstern der Jahrhunderte wieder hörbar machen ließe. Was kann die Archäologie beispielsweise über all die Menschen sagen, die zwischen dem 13. Jahrhundert und dem Zweiten Weltkrieg die ausgegrabenen Keller genutzt haben? Eine Ausstellung der dortigen Funde könnte die vielen Stimmen aus dem Mittelalter und der Neuzeit bis hin zur Zerstörung des Viertels einfangen.

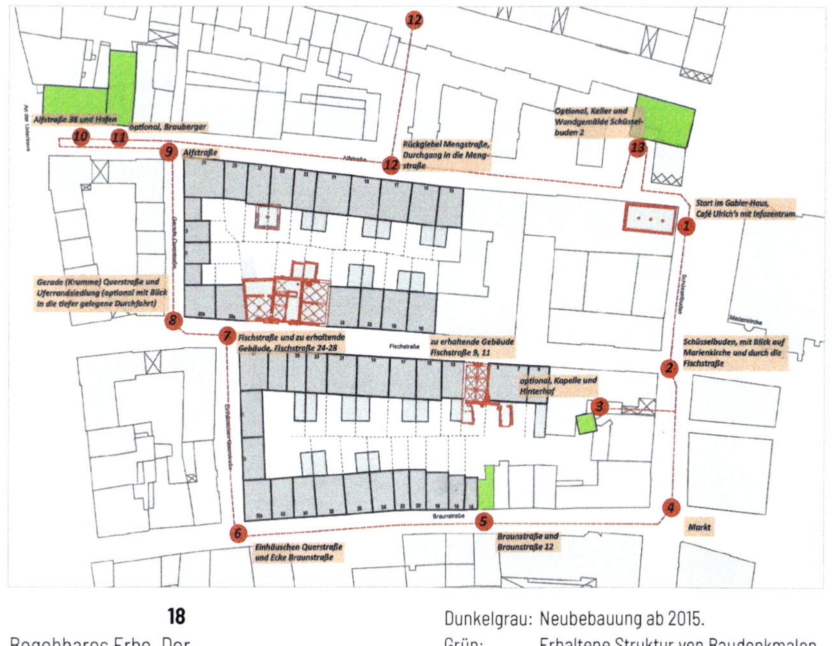

18

Begehbares Erbe. Der historisch-archäologische Rundgang im Lübecker Gründungsviertel

Dunkelgrau: Neubebauung ab 2015.
Grün: Erhaltene Struktur von Baudenkmalen.
Rot: erhaltene archäologische Strukturen unter der Neubebauung

Industrie macht Geschichte

Wie in Lübeck hat sich die Archäologie auch in vielen anderen mitteleuropäischen Städten lange auf den Bereich der Altstadt konzentriert. Seit einigen Jahrzehnten stellt Ulrich Müller aber auch ein zunehmendes Interesse für das verschüttete Erbe der Neuzeit und Moderne fest. Das Ruhrgebiet zum Beispiel ist bis heute untrennbar mit der Geschichte seiner Industrie verbunden. Auch wenn es in letzter Zeit einen tiefgreifenden Wandel erlebt hat, sind Kohlebergwerke, Eisen- und Stahlhütten

19
Verschüttetes Erbe. Die Steinhauser Hütte - ein archäologischer Blick in die Frühzeit des Reviers

weiterhin präsent. In den Köpfen der Menschen ebenso wie in den Gesichtern der Städte.

Die Anfänge dieser Geschichte liegen heute allerdings im Boden verborgen. Doch es kann durchaus gelingen, sie wieder ans Licht zu holen. So wie auf einem etwa vier Hektar großen Brachgelände in Witten im Südosten des Ruhrgebietes. Da die Stadt dort ein Gewerbegebiet einrichten wollte, haben Archäologinnen und Archäologen im Frühjahr 2018 eine 17.000 Quadratmeter große Fläche untersucht – und sind dabei auf die extrem gut erhaltenen Überreste der 1855 gegründeten Steinhauser Hütte gestoßen (Abb. 19).

Bis zur Schließung der Anlage im Jahr 1921 hatte man dort aus Roheisen formbaren Stahl erzeugt, den angegliederte Gießereien und Walzwerke dann zu Schienen und Flachstählen weiterverarbeiteten. Dabei arbeitete man auf dem neusten Stand der Technik, immer wieder wurden die Anlagen in kurzen Abständen

20
Sichtbares Erbe. Die St. Antony-Hütte als Industriedenkmal

modernisiert. Und so lassen sich auf dem Ausgrabungsgelände heute fast alle technischen Innovationen nachvollziehen, die in der industriellen Stahlerzeugung des 19. Jahrhunderts eingeführt wurden.

Man bekommt dabei einen hervorragenden Einblick in das damalige Leben und Arbeiten im »Revier« – und stößt auf Zeugen der Industriegeschichte, die anderenorts längst verschwunden sind. Zu den spektakulärsten Funden gehören die hervorragend erhaltenen Puddelöfen, die das im Hochofen hergestellte Roheisen in Schmiedeeisen, später auch in Schmiedestahl verwandelten. Nirgendwo sonst in Europa sind solche Anlagen im Original erhalten geblieben. Und so beschloss man schon während der Ausgrabung, den Bereich um das Puddelwerk unter Schutz zu stellen, um ihn später noch eingehender untersuchen zu können. Zudem ist geplant, die Öfen unter einem Schutzdach der Öffentlichkeit zu präsentieren.

In einem Vorort von Oberhausen gibt es ein solches Fenster in die Industriegeschichte schon (Abb. 20). Dort hat der Landschaftsverband Rheinland im Jahr 2008 die Wiege der Ruhr-Industrie ausgegraben. Die 1758 gegründete St.-Antony-Hütte war das erste Eisenwerk im Ruhrgebiet und produzierte bis 1843 Roheisen. Die meisten Gebäude wurden später abgerissen. Doch bei der Grabung kamen Überreste der ehemaligen Produktionsstätten wieder ans Licht. Unter einem feuerverzinkten Schindeldach kann man sie heute besichtigen, ein Museum erklärt die nötigen Hintergründe dazu.

Solche Zeugnisse der Industriegeschichte sind nach Einschätzung von Ulrich Müller allerdings eine besondere Herausforderung für die Stadt-Archäologie. Denn oft handelt es sich um große, komplexe Anlagen, die sich nur mit viel Aufwand und Geld erhalten lassen. Dazu kommt, dass solche Projekte selbst im Ruhrgebiet nicht immer auf große Begeisterung stoßen. Vielerorts findet das Erbe aus früheren Epochen wie dem Mittelalter oft deutlich mehr Akzeptanz.

Doch egal, aus welcher Zeit die Funde stammen: Sie können Städten ihre Geschichte zurückgeben. In manchen Fällen räumen sie dabei mit liebgewonnenen alten Mythen auf. Sie können aber auch spannende Entwicklungslinien nachzeichnen, die tatsächlich von der Vergangenheit bis in die Gegenwart reichen. Und die sich vielleicht sogar in die Zukunft fortschreiben lassen. Es lohnt sich also, das Wispern der Vergangenheit wieder hörbar zu machen.

Mauern und Horizonte:

Was Infrastruktur über das Denken verrät

Auch aus lange zurückliegenden Epochen erzählen Städte oft erstaunlich modern wirkende Geschichten. Die Ansprüche ans Zusammenleben, die Regeln von Politik, Wirtschaft und Gesellschaft mögen sich im Laufe der Zeit verändert haben. Doch manche Fragen sind heute noch genauso aktuell wie vor Jahrhunderten. Zum Beispiel, wenn es um die Planung neuer Straßen, öffentlicher Gebäude und anderer Infrastruktur geht: Muss das sein? Muss das gerade jetzt sein? Und warum muss das so teuer sein? Für Gerald Schwedler vom Historischen Seminar der Kieler Universität sind das die klassischen Fragen, mit denen sich die zuständigen Entscheidungsgremien seit jeher herumschlagen müssen. Schließlich handelt es sich in der Regel um Großprojekte, die von vielen geplant und für viele gedacht sind. Da prallen zwangsläufig verschiedene Interessen aufeinander.

Die Verfechter der Neuerungen betonen dabei gern, dass die alten Einrichtungen eben nicht mehr zeitgemäß seien. Etwas Moderneres müsse her, um dem technischen und gesellschaftlichen Fortschritt Rechnung zu tragen. Sonst drohe die eigene Stadt, von der niemals schlafenden Konkurrenz abgehängt und aufs Abstellgleis befördert zu werden. Andere Fraktionen pochen dagegen oft darauf, dass bisher doch auch alles gut funktioniert habe. Oder dass man sich große Sprünge einfach nicht leisten könne. Der Preis sei einfach zu hoch. Und das muss sich nicht einmal nur aufs Finanzielle beziehen. Denn wo etwas Neues gebaut wird, muss das Bestehende oft weichen. Ein weiteres beliebtes Argument ist auch, dass es in der derzeitigen Lage nun wirklich Wichtigeres gebe, als ausgerechnet dieses Projekt.

Das alles ist bei der Planung der Elbphilharmonie genauso zu hören gewesen wie beim Bau von mittelalterlichen Stadtmauern. Für Gerald Schwedler lohnt es sich daher, die Entwicklungs- und Planungsprozesse von früher und heute zu vergleichen. Denn das kann den Blick dafür schärfen, was bei solchen Projekten heutzutage gut läuft – und was eben nicht. Gerade das Mittelalter, mit dem er sich vor allem beschäftigt, bietet aus seiner Sicht eine ganze Schatztruhe an interessantem Vergleichsmaterial.

Schließlich waren die damaligen Städte immer wieder mit neuen Chancen und Herausforderungen konfrontiert, auf die sie reagieren mussten. Entsprechend dynamisch und anpassungsfähig zeigten sie sich. Wer Erfolg haben wollte, musste sich immer wieder selbst erneuern. Denn einen Trend zu verschlafen, konnte gefährlich werden – wirtschaftlich, militärisch und nicht zuletzt gesellschaftlich.

Also wurden in Mitteleuropa zwischen den Jahren 500 und 1500 in mehr als 2000 Städten Infrastruktur-Projekte in Angriff genommen und vollendet. Die Palette reichte dabei von Märkten und Kaufhäusern über Tanzlokale und Bordelle bis hin zu Abwassersystemen, Hospitälern und Friedhöfen. Straßen wurden angelegt oder gepflastert, Brücken, Dämme und Rückhaltebecken gebaut. Neue Feuerwachen, Verwaltungen und Ordnungshüter sollten dafür sorgen, dass in verschiedener Hinsicht möglichst wenig anbrannte. Stadtmauern dienten der Verteidigung. Und fürs spirituelle Wohl sowie das ästhetische Empfinden entstanden

21
Turm der Kathedrale von Straßburg. Mit 142 Metern war der Turm der Kathedrale von Straßburg zeitweise der höchste Turm der Christenheit. Er wurde in der Mitte des 15. Jahrhunderts fertiggestellt

zahlreiche Kirchen und Kapellen. Etliche dieser Bauwerke prägen die europäische Architektur bis heute (Abb. 21). Wenn man sie betrachtet, bekommt man oft eine gute Vorstellung von den damaligen Machtverhältnissen. Denn welche neuen Pläne in einer Stadt Realität werden, ist seit jeher nicht nur eine Frage des Geldes und der technischen Möglichkeiten gewesen. Sondern auch eine von Einfluss und Verhandlungsgeschick.

Wer so ein ehrgeiziges Vorhaben umsetzen wollte, musste die unterschiedlichen Bedürfnisse und Sachzwänge politisch und sozial ausbalancieren. Im Laufe ihrer Geschichte hat die Menschheit das auf ganz verschiedenen Wegen versucht. Mal wurden die Entscheidungen strikt von oben gefällt, mal ruhten sie auf vielen Schultern und hatten eine entsprechend breite Legitimation. Und natürlich wurde zu allen Zeiten manipuliert, intrigiert und an allen erreichbaren Strippen gezogen.

Was bei all dem herauskam, erlaubt aber nicht nur einen interessanten Blick auf die politischen Zustände der damaligen Zeit. Sondern auch in die Köpfe längst verstorbener Entscheidungsträger. Denn auch wenn schon immer gern behauptet wurde, ein bestimmtes Vorhaben sei alternativlos: Ob und in welcher Form Infrastrukturprojekte umgesetzt wurden,

22 Darstellung der Stadt Straßburg in der Schedelschen Weltchronik aus dem Jahr 1493. Bisweilen wurde der Turm als Achtes Weltwunder gesehen. Der Illustrator zeigt dies, indem der Turm den Rahmen des Bildes sprengt

hing eben nicht nur von den reinen Notwendigkeiten ab. Auch die kulturellen Werte und der geistige Horizont der jeweiligen Gremien flossen sehr stark in solche Entscheidungen mit ein.

Bauen für die Seele

Kirchen zum Beispiel gehörten im stark religiös geprägten Mittelalter zu den prestigeträchtigsten Bauvorhaben (Abb. 22). Für Gerald Schwedler sind sie ein gutes Beispiel für Projekte, deren Gestaltung einem exklusiven Kreis von Stadtbewohnern vorbehalten blieb. »Wer bezahlt, entscheidet«, lautete dabei die Devise. Geldgeber waren in solchen Fällen manchmal Kleriker, die die Geldflüsse der Kircheneinnahmen delegieren konnten. Meist aber handelte es sich um Mitglieder des Stadtrates. Sie bestimmten, was, wann und in welcher Form gebaut werden sollte. Die praktische Ausführung legten sie in die Hände von Baumeistern, Steinmetzen und anderen Fachleuten. Für die bot

23
Baumeister am Wiener Stephansdom. Kopie der berühmten Darstellung eines namentlich nicht bezeichneten Baumeisters, wohl Anton Pilgram, an der Kanzel im Wiener Stephandsom. Anfang 16. Jahrhundert

so ein Projekt auch immer die Möglichkeit, sich einen Namen zu machen und Referenzen zu sammeln. So gab es schon im Mittelalter herausragende Werkmeister – geradezu Star-Architekten, die sich ihren Ruhm oft auf Kirchen-Baustellen erarbeitet hatten (Abb. 23).

Ihr Ehrgeiz war es, den staunenden Auftraggebern und Stadtbewohnern immer wieder etwas Neues zu bieten. Mal begnügten sie sich damit, die bekannten Elemente des gotischen Baustils auf ungewöhnliche Weise zu kombinieren. In anderen Fällen präsentierten sie aber auch ganz neue Ideen und Lösungen.

Dabei ging es ihnen nicht nur darum, die Funktion einzelner Gebäudeteile zu verbessern. Gefragt war auch eine neue Ästhetik mit innovativen Formen und Ornamenten. Man erfand eine Art moderne steinerne Sprache, um Gottes Ruhm zu verkünden, einen Ort für spirituelle Bedürfnisse zu erschaffen und das jeweilige ästhetische Bedürfnis der führenden Gruppen zu befriedigen. Das war zumindest die offizielle Version. Doch offensichtlich

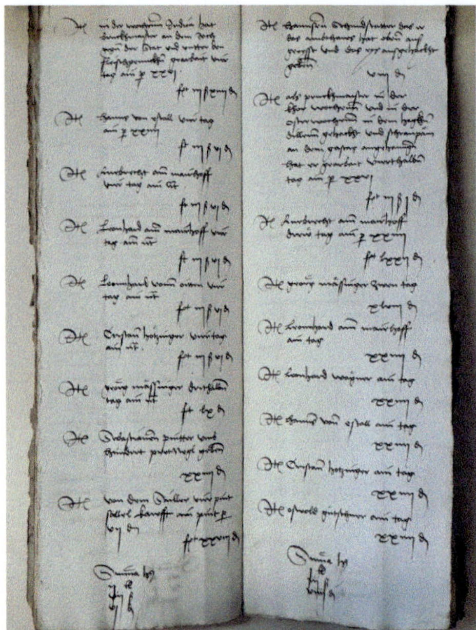

24
Rechnungsbuch über die Einnahmen der Stadt Laufen/Salzach. In Rechnungsbüchern wurden die Einnahmen und Ausgaben von Kommunen verwaltet. Hierin sind insbesondere Hinweise auf urbane Infrastrukturen zu finden. In der Kleinstadt Laufen/Salzach passen die Einnahmen des gesamten Haushaltsjahrs 1516 auf 19 derartige Seiten. Stadtarchiv Laufen

dienten die sakralen Bauwerke auch der Selbstdarstellung der Auftraggeber und der ambitionierten Bauleute. Die Konkurrenz schlief schließlich nicht. Da gab es ja noch andere Städte, die ebenfalls an neuen architektonischen Highlights tüftelten. Und andere berühmte Baumeister-Familien, die ihr Handwerk ebenfalls verstanden.

Während die Gestaltung der künftigen Gotteshäuser also in den Händen von Eliten und Experten lag, konnten sich alle anderen Stadtbewohner nur auf eine Weise an solchen Prestigeprojekten beteiligen: Sie spendeten Geld – und zwar reichlich und quer durch die Gesellschaftsschichten (Abb. 24). Denn wer sich großzügig zeigte, bekam dafür nicht nur das gute Gefühl, etwas für das eigene Seelenheil getan zu haben. Gleichzeitig zahlte man auch für eine Infrastruktur, die im täglichen Leben eine wichtige Rolle spielte.

25
Rathaus Passau. Der Kern des Rathauses in Passau reicht in das 13. Jahrhundert zurück. Der repräsentative Saalbau wurde 1405 erstellt. Im 19. Jahrhundert wurde der Turm erhöht und die Außenfassade neu gestaltet

Schließlich waren Kirchen im Mittelalter nicht nur Orte, an denen man Gottesdienste abhalten und die ausgeprägten spirituellen Bedürfnisse der Menschen befriedigen konnte. Sie hatten auch noch andere, oft ganz praktische Funktionen. So konnte der Nachtwächter vom Turm aus nach eventuell ausgebrochenen Bränden Ausschau halten. Und die Glocken riefen nicht nur zum Gottesdienst oder verkündeten den Beginn des Marktes. Im Alltag waren ihre Schläge die Taktgeber des urbanen Lebens, oft richten die Menschen ihren ganzen Tagesablauf danach aus. Wenn aber die Sturmglocke läutete, versetzte das die ganze Stadt in Alarmzustand. Unüberhörbar schallten da die Warnungen vom Kirchturm: »Feuer! Überfall! Aufruhr! Gefahr!«

Von Rat- und Kaufhäusern

Ähnlich wie bei den Kirchen versuchten die mittelalterlichen Stadtgestalter auch bei anderen Gebäuden, gleich mehrere Funktionen unter einem Dach zu verbinden. Gerald Schwedler denkt hier beispielsweise an die steinernen Statussymbole der bürgerlichen Eliten: Rathäuser (Abb. 25).

Anders als etwa in Italien kamen diese in Mitteleuropa erst relativ spät in Mode. Doch im 13. Jahrhundert war der Trend über die Alpen geschwappt, und auch viele hiesige Städte hatten sich so ein repräsentatives Gebäude zugelegt. Darin tagte nicht nur der Stadtrat, auch die Verwaltung und das Stadtarchiv waren dort untergebracht. Und neben diesen Kernaufgaben dienten Rathäuser mitunter auch als eine Mischung aus Gericht, Kaufhaus und Kommunikationszentrale.

Militärische Aufgaben hatten sie dagegen normalerweise nicht. Zwar machten manche mit ihrem trutzigen Äußeren und den vergitterten Fenstern einen durchaus wehrhaften Eindruck. Doch dieses Dekor hatte mehr symbolischen Charakter. Es verwies auf die vermeintlichen Reichtümer und üppigen Steuereinnahmen, die im Inneren erhoben, verwaltet und aufbewahrt wurden – und unterstrich damit, dass es sich um eine wohlhabende Stadt mit einer erfolgreichen Führungsschicht handeln musste. Letztere nutzte solche Gebäude nämlich auch gern als steingewordene Demonstration ihres Einflusses, ihrer Kreditwürdigkeit und ihrer guten Herrschaft. Rathäuser wurden so zu Symbolen selbstbewusster Städte, ihrer Privilegien und ihrer Eliten.

Genau deshalb standen sie auch immer wieder im Zentrum aufflammender Konflikte. Wenn sich das Volk gegen die Herrschaft der Patrizier erhob, hatte es meist ein klares Ziel: Bürgermeister und Rat mussten weg – also auf zum Rathaus! Trotz solcher Revolten sollte es allerdings dauern, bis die Regierung der Städte nicht mehr allein in den Händen der Oberschicht lag: Erst nach Aufständen der Handwerkerzünfte konnten sich auch ein paar von deren Repräsentanten daran beteiligen.

Neben Kirchen und Rathäusern entstanden in den mittelalterlichen Städten aber noch mehr repräsentative Gebäude – darunter auch solche, die in erster Linie für wirtschaftliche Zwecke gedacht

26 Das alte Kaufhaus auf dem sogenannten Brand zu Mainz

waren. Gabriel Zeilinger, der 2022 von Historischen Seminar der CAU zur Friedrich-Alexander-Universität Erlangen-Nürnberg gewechselt ist, denkt da beispielsweise an Kaufhäuser. Vor dem Spätmittelalter hatten die Menschen in der Regel auf offenen Märkten und Plätzen eingekauft. Dort gab es zum einen lokale Produkte, die ab und zu stattfindenden Messen boten aber auch die Möglichkeit, sich mit Waren aus fernen Ländern einzudecken.

Seit dem 14. Jahrhundert aber kam ein weiterer Trend über die Alpen: Warum nicht eigene Gebäude schaffen, in denen Fern- und Lokalhandel dauerhaft stattfinden und miteinander verknüpft werden konnten? Die Idee schien so attraktiv, dass in vielen großen und kleineren Städten kommunale Kaufhäuser entstanden (Abb. 26). Diese waren oft in sehr großen und durchaus eindrucksvollen Gebäuden untergebracht. In manchen davon war sogar genug Platz, um noch weitere Einrichtungen der städtischen Infrastruktur zu beherbergen. Manchmal dienten sie gleichzeitig auch noch als Gastbetriebe oder Tanzhäuser, als Archive, Gerichte oder Zunftgebäude. Und in einigen Fällen sogar als Rathaus.

In erster Linie aber waren sie Orte des Handels. Nach welchen Regeln der abzulaufen hatte, war in speziellen Kaufhausordnungen festgelegt. Oft waren sämtliche Händler gezwungen, ihre Waren nur dort anzubieten. So ließ sich das Geschehen nicht nur viel einfacher überwachen, man konnte auch ohne großen Aufwand Steuern und Abgaben erheben. Doch auch für die Händler hatten diese Anlaufstellen ihre Vorteile: Wer von weit her kam, konnte dort nicht nur seine Waren sicher lagern. Er konnte sich auch darauf verlassen, im unübersichtlichen Durcheinander der regional unterschiedlichen Maße und Gewichte nicht den Überblick zu verlieren oder betrogen zu werden.

Landeier für die Stadt

Allerdings musste man nicht unbedingt Fernhändler sein, um in der Stadt einen sicheren Stützpunkt zu brauchen. Es reichte schon, wenn man aus dem Umland kam. Viele Adelsfamilien und Klöster besaßen dort große Landwirtschaftsbetriebe, deren Produkte sich in der Stadt bestens zu Geld machen ließen. Nur musste die Ware von den Feldern und Wiesen eben erst einmal zu den Absatzmärkten transportiert und dort gesammelt, gelagert und verkauft werden. Zu diesem Zweck richteten viele Adlige und Klöster sogenannte Stadthöfe ein. Diese oft durchaus imposant, manchmal sogar luxuriös gestalteten Anlagen fungierten als Schnittstellen zwischen Stadt und Land. Vor allem die Klosterhöfe waren in vielen Städten wichtige Lieferanten für Getreide, Fleisch, Eier und andere Agrarprodukte. Zugleich waren die Gebäude aber auch eine Art steinerne Visitenkarte, die den Einfluss ihrer Betreiber unterstrich.

Das Benediktinerstift Göttweig in Niederösterreich betrieb zum Beispiel mindestens seit dem Ende des 13. Jahrhunderts einen Stadthof im nahegelegenen Stein an der Donau (Abb. 27). Aus alten Dokumenten, die bis ins Jahr 1530 zurückreichen, können

27
Göttweiger Hof,
Stein an der Donau

Fachleute rekonstruieren, wie es dort zuging. Die Aufteilung der Räume ist darin ebenso beschrieben wie die Ausstattung, die vom Schürhaken bis zum französischen Wandteppich reichte. Diese Auflistungen verraten, dass dieser Stadthof weit mehr war als eine zweckmäßige Lagerhalle. Man hatte bei der Gestaltung einigen Aufwand betrieben. Über großen Weinkellern und Kornspeichern gab es Wohntrakte für den Abt mit Vorzimmer, Stube, Schlafgemach und Gästezimmer. Dazu kamen eine Schreibstube und eigene Räume für den Hofmeister sowie Gesinde-, Küchen- und Speiseräume.

Ähnliche Einrichtungen sprossen auch weiter im Norden aus dem Boden. In Süddeutschland wurden sie mancherorts schon zu Beginn des Mittelalters zu Keimzellen späterer Stadtentwicklungen. Weiter im Norden dagegen entstanden Klosterhöfe vor allem im 13. und 14. Jahrhundert in schon bestehenden Orten. Doch auch denen drückten sie oft ihren Stempel auf.

Knapp zwei Kilometer vor Lüneburg zum Beispiel lag damals das 1172 gegründete Benediktinerinnen-Kloster Lüne – eine wohlhabende und einflussreiche Einrichtung, die ihre Nonnen meist aus den Kreisen der mächtigsten Lüneburger Familien rekrutierte. Diesen Status unterstrichen auch Lage und Design des Stadthauses, das der Orden in Lüneburg errichtete: Im Jahr 1356 nutzten die Benediktinerinnen die Einkünfte aus ihren Anteilen an der örtlichen Saline, um sich einen Gebäudekomplex im Zentrum der Stadt zu kaufen. In bester Lage zwischen Marktplatz und Hafen bot das Haupthaus nicht nur viel Lagerraum im Gewölbekeller, sondern auch zahlreiche Räume in zwei Ober- und vier Dachgeschossen. Dazu kamen noch weitere Wirtschaftsgebäude, die sich um einen Innenhof gruppierten. So blieb nicht nur genug Platz für Geschäfte, manchmal wurde der Stadthof auch als Herberge oder als Forum für politische Verhandlungen genutzt. Und in Kriegszeiten wurde er zum Zufluchtsort für die Nonnen vom Land.

Für Gabriel Zeilinger, der sich auf die Wirtschafts- und Sozialgeschichte des Mittelalters spezialisiert hat, sind solche klösterlichen Stützpunkte sehr spannende Einrichtungen. Denn hier trafen nicht nur Stadt und Land aufeinander, sondern auch unterschiedliche politische und wirtschaftliche Interessen. Zwar waren Klöster und Städte in wirtschaftlicher Hinsicht eng miteinander verflochten, oft sogar abhängig voneinander. Das hieß aber nicht, dass man Konflikten aus dem Weg ging. Auch solche Streitigkeiten aber haben die Gestaltung von Städten immer wieder beeinflusst. Wer dabei als Sieger vom Platz ging, hatte schließlich bessere Chancen, die künftige Form des Zusammenlebens und damit auch die dafür nötige Infrastruktur zu bestimmen.

An Streitpotential fehlte es dabei nicht. Mal wollte sich ein Stift nicht am Bau der Stadtmauern oder anderen kommunalen

Projekten beteiligen. Mal nutzte ein Klosterhof ein altes Schankrecht, um Wein zu verkaufen – was natürlich die städtischen Wirte in Rage brachte. Juristisch gesehen waren die Klöster bei solchen Unstimmigkeiten oft in der stärkeren Position. Denn ihre Stadthöfe und die Menschen, die darin arbeiteten, genossen einen rechtlichen und steuerlichen Sonderstatus: Die städtischen Behörden und Einrichtungen hatten oft keinen Zugriff auf sie. Andererseits waren sie auf den Zugang zum Markt angewiesen, so dass in der Praxis die Stadträte oft am längeren Hebel saßen. Meist versuchten beide Seiten also, im Alltag irgendwie miteinander klarzukommen.

Manchmal aber eskalierte die Lage. So wie in Würzburg, wo Bischof und Stadt im 13. Jahrhundert schon wiederholt heftig und mitunter blutig aneinandergeraten waren. Als der Stadtrat dann in den Jahren 1296 und 1297 auf die Idee kam, die Klosterhöfe zu besteuern, flammte der Konflikt wieder auf. Der Bischof setzte den Rat ab, was etliche Stadtbewohner auf die Barrikaden trieb. Es kam zu Aufständen, in deren Verlauf etliche Stadthöfe der Zisterzienser demoliert wurden. Zur Strafe verhängte der Bischof ein Interdikt, in der Stadt durften also keine Gottesdienste mehr stattfinden. Das war damals eine scharfe Waffe, mit der die Kirche schon zahlreiche Gegner in die Knie gezwungen hatte. Und auch diesmal klappte es: Die Stadt musste 1299 ihre Steuerpläne begraben, und die Klosterhöfe konnten weiter wirtschaften wie bisher.

Infrastruktur für die Krise

Solche Konflikte waren keineswegs nur in Würzburg an der Tagesordnung. Auch in etlichen anderen Städten haben sie steinerne Spuren hinterlassen, die heute noch sichtbar sind. Denn sie führten den Verantwortlichen damals sehr deutlich vor Augen, wie abhängig man von funktionierenden Lieferketten war. Schließlich

28
Kupferstich aus dem Jahr 1725 mit der Darstellung des Nürnberger Kornhauses (später Mauthalle)

wuchs die Bevölkerung der Städte nach der ersten großen Pestwelle der Jahre 1348 bis 1352 erst allmählich, dann immer stärker an. Wie konnte man all diese Menschen mit Nahrungsmitteln versorgen, wenn die Lieferungen aus dem Umland ausblieben? Man musste sich Gedanken über neue Formen der Vorratshaltung machen, um im Notfall Zugriff auf ausreichend Getreide zu haben.

Solche Ideen wurden im Laufe des Spätmittelalters in vielen Städten steinerne Realität. Als neue Form der Infrastruktur entstanden große kommunale Kornspeicher, die private und dezentralere Lager ergänzen sollten.

Bei solchen Projekten begnügten sich etliche Planer nicht mit einfachen Zweckbauten. In Nürnberg und Augsburg, Straßburg und Basel errichteten die Maurer und Zimmerleute große, mehrgeschossige Kornspeicher, deren Bauweise und Fassade durchaus Eindruck schinden sollten (Abb. 28). Die steinerne Botschaft war klar: Hier lag die Verantwortung in den Händen eines Stadtrates, der sich um das Gemeinwohl sorgte. Das machte schon in ruhigen Zeiten einen guten Eindruck. Und wenn der nächste Krieg oder eine andere Krise kam, konnte sich so eine Investition erst recht bezahlt machen, so das Kalkül. Möglicherweise ließen sich dadurch ja nicht nur Hungersnöte abwenden, sondern auch die damit verbundenen Unruhen.

Die beste Vorratshaltung nützte allerdings nichts, wenn feindliche Truppen im Ernstfall ungehindert in die Stadt einmarschieren konnten. Um das zu verhindern, brauchte man vor allem eins: Eine verlässliche Stadtmauer. Über Jahrhunderte war das eines der wichtigsten Elemente der mittelalterlichen Infrastruktur. Der Mauerring um die Häuser schützte nicht nur vor militärischen Angriffen, er hatte auch eine hohe symbolische Bedeutung. Denn er markierte die Grenzen der Stadt und ihrer Privilegien, von denen ein Großteil der Landbevölkerung nur träumen konnte.

Nicht jeder Ort durfte ein solches Bollwerk errichten, man brauchte dafür ein königliches Privileg. Und extrem teuer war die Sache außerdem. Doch auf diese Verteidigungsinfrastruktur zu verzichten oder sie verfallen zu lassen, kam nicht infrage. Sicherheit ging vor, da gab es nichts zu diskutieren: Wer in der Stadt wohnte, musste sich an der Finanzierung, am Bau und an der Unterhaltung der Stadtmauer beteiligen. Ob er wollte oder nicht. In Worms zum Beispiel erließ der Bischof als Stadtherr um das Jahr 1000 eine Mauerbauordnung. Darin war festgelegt, welche Bevölkerungsgruppen welche Abschnitte der Mauer zu errichten und zu bewachen hatten. Sich vor solchen Pflichten zu drücken, konnte ernsthafte Konsequenzen haben. Noch im 14. Jahrhundert konnte man dafür verbannt werden.

Denn so richtig »fertig« war eine Stadtmauer eigentlich nie. Und das lag nicht nur an zerstörerischen Angriffen und natürlichem Verfall. Sondern auch am Einfallsreichtum der Waffenkonstrukteure. Da sie ihre Produkte ständig weiterentwickelten, mussten auch die Verteidigungssysteme regelmäßig modernisiert werden. Man brauchte höhere und dickere Mauern, neue Stadttore, anders geformte Zinnen und Gussnasen. Entsprechend gab es Spezialisten, die solche Bauwerke fachkundig planten und begutachteten.

Allerdings zeigten sich im Laufe der Jahrhunderte auch die Nachteile der schützenden Bollwerke. Hatten sie im 11. Jahrhundert noch technische und architektonische Innovationen vorangetrieben, wurden sie ab dem Spätmittelalter zu steinernen Hemmschuhen: Die Städte mauerten sich zunehmend selbst ein, so dass sie sich nicht mehr vergrößern und frei entfalten konnten. Deshalb wurden in der Neuzeit viele der alten Befestigungen wieder abgetragen. Die alten Sicherheiten und Symbole mussten vielerorts neuen Ideen weichen.

Neue Gesichter für Teheran

Solche Phasen der Umgestaltung haben viele Städte im Laufe ihrer Geschichte immer wieder erlebt. Und dabei ging es nicht nur um die Beseitigung von aus der Mode gekommenen Befestigungsanlagen. Mal wuchs die Bevölkerung so stark, dass ganze Viertel mitsamt der nötigen Infrastruktur aus dem Boden gestampft werden mussten. Mal waren es neue Verkehrsmittel, boomende Wirtschaftszweige oder veränderte Ansprüche der Bevölkerung, die im Stadtbild ihre Spuren hinterließen. Und in etlichen Fällen ging es Herrschern und Eliten auch einfach nur darum, ihre weltanschaulichen Vorstellungen in Stein oder Beton zu verewigen.

Solche Trends erfassten keineswegs nur europäische Städte. Die Islamwissenschaftlerin Anja Pistor-Hatam von der Kieler Universität kennt solche Entwicklungen auch aus der iranischen Hauptstadt Teheran, die in wenigen hundert Jahren gleich mehrere einschneidende Modernisierungsphasen erlebt hat. Ende des 18. Jahrhunderts war Teheran noch eher eine Provinzstadt gewesen. Doch das änderte sich schlagartig, als die Dynastie der

29
Grundriss der Stadt Teheran im Jahr 1858

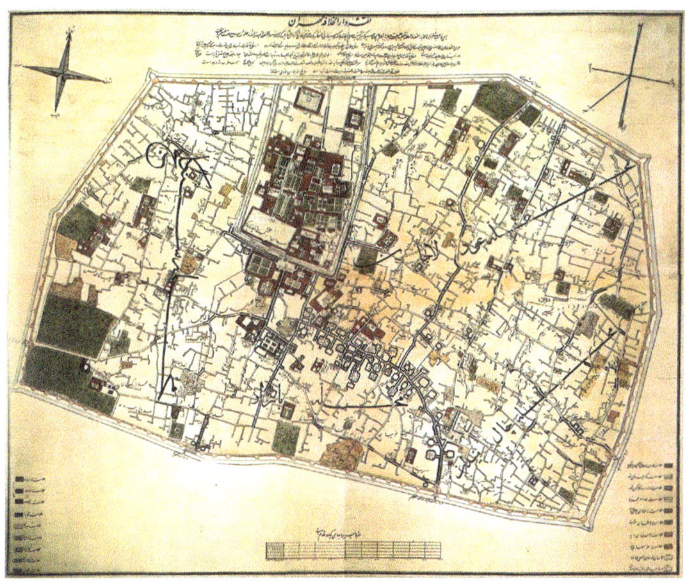

Kadscharen im Jahr 1779 ein neues iranisches Reich gründete und es zu dessen Hauptstadt machte.

In der Folge gab es einen regelrechten Bauboom. Es entstand eine herrschaftliche islamische Residenz mit allem, was dazu gehörte: Die Zitadelle mit ihrem Palast, Moscheen und religiösen Schulen, Bädern und einem Bazar. Sehr schnell entwickelte sich die Stadt nicht nur zu einem Zentrum des Handels und der Industrie, sondern auch zu einem Schmelztiegel der Kulturen. Moderne westliche Technologien tauchten zuerst in Teheran auf. Und auch das Gesicht der Stadt veränderte sich rasant (Abb. 29).

So wichen die traditionellen Bauformen nun einer ganz neuen Art von Architektur, in der sich iranische und europäische Elemente verbanden. Ein besonders eindrucksvolles Beispiel dafür sieht Anja Pistor-Hatam im sogenannten »Sonnengebäude«, das in den 1860er Jahren innerhalb der Mauern der Zitadelle errichtet

30
Das sogenannte Sonnengebäude (Shams-ol-Emareh) in Teheran

wurde (Abb. 30). In dem rechteckigen Bauwerk mit der offenen Galerie, den Zwillingstürmen und dem kleinen Uhrturm verschmilzt traditionelle zentral- und westasiatische Architektur mit europäischen Elementen.

Doch nicht nur einzelne Gebäude kündeten von den neuen Zeiten. Die Bevölkerung war so stark gewachsen, dass Teheran aus allen Nähten zu platzen drohte. Also wurden nicht nur alte Stadtmauern abgerissen, sondern auch neue Straßen und Plätze gebaut. Ganze Viertel wuchsen aus dem Boden, und die Stadt bekam nicht nur eine Bank, ein Krankenhaus und ein Telegrafenamt, sondern auch Geschäfte nach europäischem Vorbild. Dieser Modernisierungsschub gefiel allerdings längst nicht allen. Er polarisierte so stark, dass ein Riss zwischen dem modernen und dem traditionellen Teil der Stadt entstand.

Dieser vertiefte sich noch weiter, als Reza Schah Pahlavi von 1925 bis 1941 die Geschicke Irans lenkte. In seinen Augen brauchte Teheran noch weitreichendere Umgestaltungen, wenn es eine moderne Hauptstadt des 20. Jahrhunderts werden sollte. Ehrgeizige Pläne wurden geschmiedet, die gesamte Stadt sollte ein einheitlicheres Gesicht bekommen.

Das sollte nicht nur helfen, die traditionellen sozialen Unterschiede zu überwinden und die Herrschaft des Schahs zu unterstützen. Man wollte auch dafür sorgen, dass der Kapitalismus blühte: Warenaustausch, Dienstleistungen und Militärtransporte sollten von einer modernen Infrastruktur profitieren. Also erlebte die Stadt seit den 1930er Jahren eine Radikalkur, die sehr abrupt umgesetzt wurde, ohne auf gewachsene Strukturen oder die Bedürfnisse der Bevölkerung Rücksicht zu nehmen.

Ein einheitliches Gesicht bekam Teheran zwar trotzdem nicht – weder in sozialer noch in optischer Hinsicht. Doch das Leben in der Stadt veränderte sich. Es entstanden nicht nur moderne Gebäude, Straßen und Plätze, sondern auch eine neue Mentalität, die von den Herrschenden gefördert wurde: Das Streben nach Gewinn und persönlichen Vorteilen wurde wichtiger. Und das Denken zweckmäßiger.

Diese Einstellung spiegelte sich auch in der Infrastruktur wider: Prachtstraßen entstanden auf den Ruinen von Stadtmauern und Gräben, die gewundenen Gassen wurden durch ein effizienteres Verkehrsnetz ersetzt. Denn auf einmal gab es eine technische Errungenschaft, die das Leben in Teheran verändern sollte: Das Automobil. Schon 1901 hatte der damalige Schah das erste Exemplar aus Frankreich importiert, vor allem nach dem Ersten Weltkrieg wurden die Kraftfahrzeuge dann immer beliebter und zahlreicher (Abb. 31).

31
Die Kreuzung Lâlezâr in Teheran mit den ersten Automobilen

Die Adern der Stadt

Das hatte weitreichende Folgen – und zwar nicht nur für die Geschwindigkeit und Bequemlichkeit, mit der man von A nach B kam. Auch die Arbeitswelt wandelte sich, neue Dienstleistungen und Berufsgruppen entstanden. Die ersten Autohäuser warben um Kundschaft, Werkstätten und Fuhrparks für Droschken und Kutschen wurden durch entsprechende Einrichtungen für Kraftfahrzeuge abgelöst. Aus Schmieden und Fuhrwerkbauern wurden Automechaniker, die ein hohes Ansehen genossen und gefragte Heiratskandidaten waren. Das Gleiche galt auch für Chauffeure. Während letztere ihren Status durch schmucke Uniformen und elegantes Auftreten zu unterstreichen versuchten, zeigten erstere stolz ihre ölverschmierten Kleidungsstücke und Gesichter.

Es gab allerdings auch Menschen, die den Autoverkehr für eine zumindest lästige, wenn nicht sogar gefährliche Neuerung hielten. Das hatte durchaus nachvollziehbare Gründe. So hielten etliche Autobesitzer ihre Fahrer dazu an, bei der Abfahrt ein regelrechtes Hupkonzert zu veranstalten, um die Aufmerksamkeit von Passanten zu erregen. Die sollten dann am besten stehenbleiben und dem stolzen Eigentümer des Fahrzeugs mit der Hand auf der Brust Respekt zollen. War der Lärm schon störend genug, hatten Autofahrten aber auch lebensgefährliche Seiten. So gab es häufig Unfälle, und der unsachgemäße Umgang mit Benzin löste immer wieder Brände aus, die Todesopfer forderten.

Deshalb ließen etliche Menschen das neue Verkehrsmittel zunächst links liegen und gaben Eseln, Pferden und Fuhrwerken weiterhin den Vorzug. Doch die Ära des Autos war nicht aufzuhalten. Genauso wenig wie die damit verbundene Modernisierung der Infrastruktur. Für die motorisierten Fahrzeuge entstanden große, gepflasterte Boulevards, Fußgängerinnen und Fußgänger bekamen ihre eigenen Wege. Immer stärker orientierte sich die Stadtplanung an den Bedürfnissen des modernen Verkehrs, der das Gesicht Teherans entscheidend prägte.

Auch in vielen anderen Regionen rund um die Welt spielen Straßen beim Design von Städten eine zentrale Rolle. Denn sie dienen nicht nur als praktische Verkehrsachsen, auf denen Menschen und Waren möglichst schnell und effektiv vorankommen sollen. Seit Jahrtausenden sind diese urbanen Lebensadern auch Orte des Handels, der Begegnungen und der Kommunikation. Sehr oft haben Menschen sie als Bühne genutzt – für unterhaltsame Schauspiele oder religiöse Prozessionen, für Protestkundgebungen oder Militärparaden. Und immer wieder auch für politische Machtdemonstrationen. Für letztere bieten sich vor allem Straßen an, die einen hohen Symbolwert haben. So wie der Boulevard Unter den Linden in Berlin.

Für Paula Diehl vom Institut für Sozialwissenschaften der Kieler Universität ist es kein Zufall, dass ausgerechnet diese Straße so oft zum Schauplatz historischer Momente wurde. Schließlich handelt es sich nicht nur um eine der wichtigsten Verkehrsachsen der Stadt, sie führt auch direkt zum wohl berlinerischsten aller Denkmale: Dem symbolgeladenen Brandenburger Tor. Mit dessen Geschichte und politischer Instrumentalisierung hat sich die Forscherin in ihrem Buch »Macht – Mythos – Utopie« beschäftigt.

Ein Tor voller Symbolik

Demnach war der Mitte der 1730er Jahre errichtete Vorgänger des Bauwerks noch ein eher schlichtes Tor an der Straße nach Brandenburg an der Havel gewesen, das vor allem zum Schutz vor Eindringlingen und zum Kassieren von Binnenzöllen gedacht war. Doch mit dem Neubau Ende des 18. Jahrhunderts änderten sich auch die Ansprüche. Das von der bronzenen Quadriga des Bildhauers Johann Gottfried Schadow gekrönte Bauwerk sollte nicht nur zum steinernen Sinnbild für die Herrschaft des preußischen Königs Friedrich Wilhelm II. werden. Sondern auch zu einem der beliebtesten Schauplätze für politische Inszenierungen. Im 19. Jahrhundert wurden hier nicht nur militärische Siege gefeiert, sondern auch die Gründung des Deutschen Reiches am 18. Januar 1871. Und auch in den folgenden Jahrzehnten blieb der Triumphbogen ein vielbeschworenes Symbol.

Als Beispiel erzählt Paula Diehl in ihrem Buch eine Anekdote aus der Weimarer Republik. Mathilde Rathenau, die Mutter des 1922 ins Amt gekommenen Außenministers Walter Rathenau, soll wegen des Tores in einen heftigen Streit mit ihrem Chauffeur geraten sein. Noch bis vor kurzem war es das Privileg des Kaisers gewesen, durch den mittleren Bogen des Tores zu fahren. Doch der hatte ja nun abgedankt. Also betrachtete es Mathilde Rathenau als ihr gutes Recht, diesen Weg nun ebenfalls zu nutzen.

32
Fackelzug am Brandenburger Tor anlässlich der Ernennung Adolf Hitlers zum Reichskanzler

Der Fahrer versuchte, ihr diesen in seinen Augen revolutionären Gedanken auszureden. Dafür könne man doch bestimmt bestraft werden. Doch seine Chefin blieb unbeirrt. Und als ihr Auto dann tatsächlich durch den mittleren Bogen rollte, soll sie triumphierend gesagt haben: »Jetzt wissen Sie, dass wir in einer Republik sind!«

Bei einem traurigeren Anlass verzichtete sie allerdings auf derlei Symbolik. Beim Trauerzug für ihren 1922 ermordeten Sohn ging die Familie nur am Brandenburger Tor vorbei, statt den Bogen zu durchqueren. Doch als Schauplatz für die Zeremonie kam kein anderer Ort in Berlin infrage. Es sollte auch nicht das letzte Mal gewesen sein, dass sich die Weimarer Republik dort von ihren Toten verabschiedete. Auch die Trauerzüge für Reichspräsident Friedrich Ebert im Jahr 1925 und für den Reichskanzler und späteren Außenminister Gustav Stresemann 1929 führten zwischen den mit historischer Bedeutung aufgeladenen Säulen hindurch. Und dann sollte es nur noch vier Jahre dauern, bis dort symbolisch die ganze Republik zu Grabe getragen wurde.

Genau das nämlich war die Botschaft, die am 30. Januar 1933 von den Straßen Berlins ausgehen sollte (Abb. 32). Zwar war Hitler ganz offiziell gewählt worden, eine Revolution war also gar nicht nötig gewesen. Die nationalsozialistische Propaganda aber machte daraus eine Art heldenhaften Kampf, sprach von »Machtergreifung« und »nationaler Erhebung«. Man sah im eigenen Triumph nicht nur einen profanen Regierungswechsel. Sondern den Beginn einer neuen Ära. Dieser Sieg über die Weimarer Republik musste natürlich mit entsprechenden Bildern untermalt werden. Als Machtdemonstration für die politischen Gegner. Und als verbindendes und motivierendes Erlebnis für die eigene Anhängerschaft.

Paula Diehl hat in ihrem Buch analysiert, wie diese Inszenierung damals ausgesehen hat. Nach Hitlers Ernennung zum Kanzler wurde demnach weder an Pomp noch an historischer Symbolik gespart. Vor allem aber wollte man Präsenz zeigen. SA und SS, Hitlerjugend und Anhänger der neuen Regierung bemächtigten sich des städtischen Raums und besetzten mehrere strategische Punkte Berlins. Verstärkt wurden sie durch ein ganzes Heer von Neugierigen, die sich das Spektakel nicht entgehen lassen wollten. Ein Fackelzug führte an der Reichskanzlei vorbei. Und durch das Brandenburger Tor marschierten etwa 25.000 uniformierte Hitler-Anhänger und Mitglieder von Stahlhelm-Einheiten.

Wie das Ganze wirkte, beschrieb der damalige französische Botschafter André François-Poncet 1977 in seinen Erinnerungen an jene Zeit:

> *»In dichten Kolonnen, zwischen denen Musikkapellen marschieren, die militärische Weisen spielen und mit dem dumpfen Wirbel ihrer großen Trommeln dem Marsch den Rhythmus geben, tauchen sie aus den Tiefen des Tiergartens auf, ziehen sie unter der Siegesgöttin des Brandenburger Tors hindurch. Die Fackeln,*

die sie tragen, bilden einen einzigen Feuerstrom, einen Strom, dessen Wellen ununterbrochen aufeinander folgen, einen schwellenden Strom, der mit herrischer Macht in das Herz der Hauptstadt vorstößt.«

Für Paula Diehl hatte diese Inszenierung einen pseudo-religiösen Anstrich: In dieser Nacht versuchte man mit allen Mitteln, der Stadt eine Art magische Atmosphäre im nationalsozialistischen Stil zu verpassen. Und damit deren Wirkung auch nicht zu rasch verblasste, marschierten die Hitler-Anhänger von da an jedes Jahr zu einer neuen »Machtergreifungsfeier« auf, um das symbolträchtige Tor erneut zu besetzen.

Mächtig, geschäftig, erotisch:

Wie man Städten Atmosphäre verleiht

Das Brandenburger Tor? Der Boulevard Unter den Linden? Wenn man diese traditionellen Berliner Wahrzeichen vereinnahmen und für seine eigenen Zwecke instrumentalisieren konnte, gut und schön. Doch war das nicht alles eine Nummer zu klein? All die Hakenkreuzfahnen und Uniformen, Paraden und Fackelzüge an symbolträchtigen Orten mochten ja durchaus zur von den Nationalsozialisten gewünschten Stadt-Atmosphäre beitragen. Doch was Adolf Hitler für seine Hauptstadt vorschwebte, reichte weit über solche Inszenierungen hinaus: Berlins Mitte sollte ein ganz neues Gesicht bekommen, so gigantisch, protzig und einschüchternd wie nie zuvor. Hitler wollte eine steinerne Machtdemonstration, wie die Welt sie noch nicht gesehen hatte. Und mit Albert Speer hatte er einen Architekten an der Hand, auf den er große Stücke hielt und der diese Vision realisieren sollte.

Im Jahr 1936 begann der architektonische Nazi-Traum in Speers Plänen und Modellen Gestalt anzunehmen. Kernstück des später unter dem Namen »Welthauptstadt Germania« (Abb. 33) bekannt gewordenen Projekts war eine etwa sechs Kilometer lange Achse, die in Nord-Süd-Richtung mitten durch die Stadt gezogen werden

33
Modell der Großen Halle (auch Ruhmeshalle oder Volkshalle) mit dem Großen Becken für die »Welthauptstadt Germania«

sollte. Beginnen würde sie am riesigen Südbahnhof, der mit einem 117 Meter hohen Triumphbogen und den Kriegswaffen besiegter Länder geschmückt werden sollte – ein Bauwerk, dessen Größe den knapp 50 Meter hohen Arc de Triomphe in Paris bei Weitem in den Schatten stellen würde.

Daran anschließend hatte Speer einen 120 Meter breiten Prachtboulevard nach dem Vorbild der Pariser Champs Elysées geplant, der von den respekteinflößenden Fassaden zahlreicher Gebäude gesäumt war. Etliche Ministerien sollten hier ebenso Platz finden wie Verwaltungsgebäude der NSDAP, Kultureinrichtungen und Konzerne. Nördlich des Tiergartens war nicht nur ein Aufmarschplatz vorgesehen, sondern auch ein Führerpalast mit einer neuen Reichskanzlei, deren 500 Meter lange Galerie den Besuchern des Staatsoberhaupts Ehrfurcht einflößen sollte.

Als Krönung des ganzen Ensembles aber thronte am nördlichen Ende der Achse die sogenannte Große Halle, die als weltweit größtes Bauwerk ihrer Art konzipiert war. Ihre gewaltige Kuppel sollte etwa 300 Meter hoch in den Himmel ragen – fast so hoch wie der in den 1960er Jahren errichtete Berliner Fernsehturm, der heute mit 368 Metern das höchste Gebäude Deutschlands ist. Das Brandenburger Tor hätte im Vergleich zu dieser Halle geradezu zwergenhaft gewirkt. Im Inneren der nationalsozialistischen Kultstätte hätten sich bis zu 180.000 Menschen versammeln können. Unbedingt nötig wäre ein derart überdimensioniertes Gebäude zwar nicht gewesen. Doch darum ging es nicht. Wie bei den meisten der für »Germania« geplanten Bauwerke war hier nicht der praktische Nutzen entscheidend, sondern die überwältigende Größe. Es sollte ein steinernes Ausrufezeichen werden, das alle bis dahin bekannten Dimensionen sprengte und die Passanten gefühlt auf Ameisengröße zusammenschrumpfen ließ.

Die Tatsache, dass dabei ein ganzes Stadtviertel im Weg war, spielte keine Rolle: 1938 begannen die Abrissarbeiten, denen mit Ausnahme der Schweizer Botschaft fast das gesamt Alsen-Viertel mit seinen vielen Stadtvillen und Botschaftsgebäuden zum Opfer fiel. Und das sollte eigentlich nur der Anfang sein. Bis 1950 sollte Berlin zur »Welthauptstadt« ausgebaut werden – ein Indiz dafür, dass Hitlers architektonischer Größenwahn dem militärischen und politischen nicht nachstand. Der Zweite Weltkrieg verhinderte allerdings, dass Speers Pläne in die Tat umgesetzt wurden, nach 1943 wurde das Projekt Germania nicht mehr weitergeführt. Einer der gigantomanischsten Pläne der Architekturgeschichte blieb eine Vision aus Gips und Papier.

Ein Design für Atmosphären

In vielen anderen Fällen aber haben es Architekten, Stadtplaner und Geldgeber durchaus geschafft, die Atmosphäre von Städten, Vierteln oder einzelnen Gebäuden gezielt zu beeinflussen. Das ist ein anspruchsvolles Unterfangen, bei dem man an den unterschiedlichsten Stellschrauben drehen kann. Denn ob Menschen einen Ort als beeindruckend oder einladend, als entspannt oder hektisch empfinden, hängt vom Zusammenspiel sehr vieler Faktoren ab.

Da sind zum einen die materiellen Bausteine aus dem Werkzeugkasten von Architektur und Stadtplanung. Durch die Breite und den Verlauf von Straßen, die Höhe und Anordnung von Gebäuden, die Gestaltung von Fassaden und die Platzierung von Kunstwerken oder Grünanlagen lassen sich jeweils ganz unterschiedliche Effekte erzielen. Dazu kommen die sinnlich wahrnehmbaren Aspekte des Stadtlebens: Licht und Wetter, Temperatur und Luftfeuchtigkeit spielen ebenso eine Rolle wie Geräusche und Gerüche. Und nicht zuletzt sind es die Menschen, die das Ambiente prägen: Wie viele Leute von welchem Schlag in welchem Tempo und mit welchem Ziel in den Straßen unterwegs sind, macht den Unterschied zwischen geschäftiger Einkaufsmeile, quirligem Ausgehviertel und ruhigem Wohnbezirk aus (Abb. 34).

Dieses Kaleidoskop von Eindrücken muss keineswegs bei allen Menschen den gleichen Effekt erzielen. Wie jemand eine Stadt erlebt, hängt schließlich auch von seiner aktuellen Stimmung, seinem Denken und Fühlen und seinen Erfahrungen in der Vergangenheit ab. Zudem kann es einen gewaltigen Unterschied machen, ob man das gleiche Viertel bei Tag oder Nacht, im Sommer oder Winter, bei Regen oder Sonnenschein erlebt. Doch so individuell und wandelbar die Eindrücke auch sein mögen: Wer eine Stadt gestaltet, kann ihr damit auch ein bestimmtes Flair verpassen. Denn nicht nur Objekte lassen sich designen. Sondern auch urbane Atmosphären.

Für Annette Haug vom Institut für Klassische Altertumskunde der Kieler Universität ist das eine besonders spannende Facette von Urban Design. Und eine, deren Wurzeln bis in die Antike zurückreichen. So hat sich der römische Architekt und Ingenieur Vitruv schon im 1. Jahrhundert vor Christus Gedanken darüber

34
Östlicher Abschnitt der Hauptstraße von Pompeji, der Via dell'Abbondanza; Blick nach Westen Richtung Tetrapylon

gemacht, mit welchen architektonischen Mitteln sich welche Effekte erzielen lassen. In seiner Schrift *De architectura* empfahl er zum Beispiel, für Tempel je nach Charakter der jeweiligen Gottheit unterschiedliche Säulenformen zu verwenden. Um etwa dem Kriegsgott Mars oder dem für seine Stärke berühmten Helden Herkules zu huldigen, eigne sich der strenge und schnörkellose dorische Baustil besonders gut. Das zarte, florale Design der korinthischen Säulen dagegen passe besser zur Liebesgöttin Venus, zur Blütengöttin Flora oder zu den Quellnymphen.

Diese Empfehlungen waren unter seinen Zeitgenossen allerdings keineswegs unumstritten. Damals wie heute herrschten durchaus unterschiedliche Vorstellungen über die gelungene Gestaltung von Gebäuden. Doch abgesehen von solchen Geschmacksfragen war man sich durchaus darüber im Klaren, wie man bei der Gestaltung des städtischen Raums auf eine bestimmte Wirkung hinarbeiten konnte.

Mit monumentalen Gebäuden, die deutlich größer waren als ein Mensch, ließ sich zum Beispiel schon in der Antike Eindruck schinden. So berichtete der griechische Dichter Antipatros von Sidon an der Wende vom Ende des 2. zum Beginn des 1. Jahrhunderts vor Christus voller Staunen und Bewunderung vom Heiligtum der Artemis in Ephesos, das damals als eines der sieben Weltwunder galt:

»Doch als ich dann endlich
Artemis' Tempel erblickt, der in die Wolken sich hebt,
blasste das andere dahin. Ich sagte: Hat Helios' Auge
außer dem hohen Olymp je etwas Gleiches gesehen?«

Erlebnisse für alle Sinne

Solche Monumentalbauten sind auch in modernen Städten oft Wahrzeichen und Orientierungspunkte in einem. Da sie über die sonstige Bebauung hinausragen, helfen sie auch Fremden, sich in dem unbekannten Gewirr von Straßen und Häusern zurechtzufinden. Und häufig sind sie so einprägsam, dass sie das Stadterlebnis entscheidend beeinflussen. Wer jemals in Athen war, dürfte die Akropolis wohl kaum vergessen. Genauso wenig wie den Eiffelturm in Paris, den Big Ben in London oder die Basilika Sagrada Familia in Barcelona.

Doch nicht nur durch schiere Größe lässt sich die Bedeutung eines Gebäudes unterstreichen. Auch seine Position ist entscheidend. So waren die Straßen in der Antike oft von einer geschlossenen Bebauung gesäumt. Auch am Forum, dem Stadt- und Marktplatz, grenzte oft eine Fassade an die nächste. Umso mehr Aufmerksamkeit zogen freistehende Bauwerke auf sich. Sie wurden zum Blickfang, präsentierten sich als die architektonischen Hauptdarsteller auf der städtischen Bühne.

35
Das Forum von Pompeji, Blick auf den Iuppiter- bzw. Kapitolstempel

Das Forum selbst wirkte durch seine offene Freifläche besonders großzügig (Abb. 35), breite Straßen verströmten ein anderes Flair als enge Gassen. Und auch in Innenräumen konnte man gezielt mit Größen, Proportionen und Raumwirkung spielen: Ein großer, hoher Saal sieht nicht nur eindrucksvoller aus als eine enge Kammer. Da er sich schlechter heizen lässt, wirkt er oft auch kühl und nicht sonderlich gemütlich. Zudem verfremdet seine Akustik alle Stimmen und Geräusche durch einen hallenden Effekt.

Bei der Wahrnehmung eines Raumes, eines Gebäudes oder einer ganzen Stadt spielten also alle möglichen Sinne zusammen. Wer die Atmosphäre eines Gebäudes gestalten will, hat daher reichlich Ansatzpunkte. Neben Augen und Ohren lassen sich zum Beispiel auch der Tastsinn und das Temperaturempfinden ansprechen. Ein rauer Putz an der Wand fühlt sich eben völlig anderes an als glatter Marmor. Und wer längere Zeit auf einer Sitzgelegenheit aus kaltem Stein ausgeharrt hat, sehnt sich wahrscheinlich irgendwann nach einer wärmeren Alternative aus Holz. Auch die Nase liefert entscheidende Informationen, die über den Wohlfühlfaktor von Städten mitentscheiden. Ein blütenduftender Park bringt da zum Beispiel deutlich mehr Pluspunkte als ein stinkender Abwasserkanal.

36
Kartierung von Läden und Werkstätten in Pompeji

Ob die Baumeister der Antike all diese Effekte gezielt eingesetzt haben, ist nach Einschätzung von Annette Haug schwer zu beweisen. Doch sie kennt Indizien dafür. An der Ausrichtung von Straßen und Türen lässt sich zum Beispiel ablesen, dass Wetter, Licht und Temperatur bei der Gestaltung durchaus berücksichtigt wurden. Und es ist auch kein Zufall, dass sich bestimmte Handwerksbetriebe nicht in allen Vierteln ansiedelten (Abb. 36). Denn das Gehämmer aus den Schmieden oder der Gestank aus den Betrieben der Tuchwalker, die Stoffe mit Urin reinigten, waren nicht überall erwünscht.

Außer Handwerksbetrieben beeinflussten aber auch Privatleute die Geruchslandschaft der damaligen Städte – in einem Ausmaß, das die Verantwortlichen zu aktiven Gegenmaßnahmen greifen ließ. Um Gestank zu vermeiden, wurden nicht nur Latrinen angelegt. An manchen Wänden forderten Inschriften auch mehr als deutlich dazu auf, sein Geschäft gefälligst nicht in der Öffentlichkeit zu verrichten.

Die vielfältigen Anschläge auf die Sinne, die das Stadtleben mit sich brachte, waren allerdings nicht immer unerwünscht. Wenn in den Heiligtümern Feuer entzündet, Weihrauch und Opfergaben verbrannt oder brüllende Opfertiere herangeführt und getötet wurden, erzeugte das eine eindrucksvolle Klang- und Geruchskulisse. Und die war durchaus Bestandteil des Rituals, weil sie den Tempelbesuch zu einem noch intensiveren Erlebnis machte.

Auch die Gläubigen selbst trugen bei solchen Gelegenheiten zur Atmosphäre in den Heiligtümern bei. Denn die wurde nicht nur durch die Architektur und das sinnlich erfahrbare Ambiente bestimmt. Sondern auch durch soziale Normen. Ähnlich wie bei einer Gerichtsverhandlung oder einem Vertragsabschluss hatte man sich auch im Tempel an vorgeschriebene Regeln zu halten. Und auch in weniger formellen Situationen konnte nicht jeder machen, was er wollte: Auf dem Forum wurde ein anderes Verhalten erwartet als in den Thermen, im Theater oder in der Kneipe. Entsprechend boten antike Städte ganz unterschiedliche Erlebniswelten, von denen jede ihr eigenes Ambiente hatte.

Zu Besuch in Pompeji

Wie sich die angefühlt haben mag, lässt sich mancherorts auch heute noch nachempfinden. Besonders leicht fällt das beispielweise in Pompeji am Golf von Neapel, wo Annette Haug und ihr Team einen Schwerpunkt ihrer Forschungsarbeit gelegt haben. Im Jahr 79 wurde die antike Stadt beim Ausbruch des Vesuvs verschüttet, blieb aber unter der Vulkanasche gut erhalten. Zumindest für die letzte Phase ihrer Existenz in der beginnenden Kaiserzeit kann man sich daher nicht nur ein sehr gutes Bild von ihren Gebäuden, Straßen und Plätzen machen. Auch ihre Kunstwerke und Dekorationen erzählen bis heute vom Flair und Geschmack vergangener Jahrtausende.

37
Das Amphitheater Pompejis, auch heute von Bäumen umstanden

38
Basilica von Pompeji, Blick in den Innenraum

Je nachdem, wo man gerade unterwegs war, konnte man damals einen recht unterschiedlichen Eindruck von Pompeji bekommen. Es gab ruhige Wohn- und quirlige Amüsierviertel, Shopping-Meilen für gehobene Bedürfnisse und bescheidenere Läden für das einfache Volk. Wer in den ungepflasterten Straßen rings um das Amphitheater im Osten der Stadt unterwegs war, konnte sich fast aufs Land versetzt fühlen (Abb. 37): Hier lag ein ausgesprochen grün wirkendes Freizeitviertel, dessen zahlreiche Gartenlokale wohl vor allem im Sommer ihren besonderen Reiz hatten.

Das Kontrastprogramm dazu fand sich im Westen und Südwesten, wo alle öffentlichen Gebäude außer dem Amphitheater versammelt waren. Hier lag das Forum als prestigeträchtiges Zentrum der städtischen Gemeinschaft – ein Ort, an dem Pompeji seinen Prunk und sein Selbstbewusstsein demonstrierte. Eine urbanere Atmosphäre hatte die Stadt sonst nirgends zu bieten.

Um dieses Ambiente zu schaffen, hatten die Architekten und Stadtplaner alle Register gezogen. Der größte Platz der Stadt wirkte nicht nur durch seine Weitläufigkeit, sondern auch durch sein weißes Pflaster, das sich deutlich von den mit dunklen Lavasteinen befestigten Straßen abhob (vgl. Abb. 35). An drei Seiten war das Forum von zweigeschossigen Säulengängen umgeben, die angrenzenden Gebäude beeindruckten durch eine anspruchsvolle Architektur. Man hatte weder an aufwändigen Materialien noch an marmornen Wandverkleidungen gespart, ein ganzes Heer von Statuen aufgestellt und etliche Gebäude mit üppigen Gemälden geschmückt.

Zum Forum kamen die Bürger von Pompeji allerdings nicht nur, um die architektonischen Juwelen ihrer Stadt zu genießen. Sie hatten hier auch jede Menge zu erledigen. Mit dem sogenannten Macellum stand zum Beispiel eine äußerst prächtige Markthalle zur Verfügung, in der Basilica und den Gebäuden im Süden des Platzes hatten diverse Verwaltungsstellen ihren Sitz (Abb. 38). Und da es an diesem Knotenpunkt des öffentlichen Lebens gleich mehrere Heiligtümer gab, war auch für die spirituellen Bedürfnisse reichlich gesorgt.

Heiligtümer: Das Ambiente der Götter

So stand der Tempel für Jupiter, Juno und Minerva, die bedeutendsten Gottheiten der Römer, als einziges Gebäude mitten auf dem Platz (Abb. 39). Dieses sogenannte Kapitol erhob sich auf einem rechteckigen Podium mit einer eleganten Freitreppe und wurde von den Säulengängen des Forums gerahmt. Der Altar, der

39
Rekonstruktion des pompejanischen Kapitols von C. Weichhardt, 1898

40
Rekonstruktion des pompejanischen Apollo-Tempels von F. Wilbrod-Chabrol, 1867

im Mittelpunkt der Rituale stand, befand sich zunächst auf dem Platz selbst, wurde dann aber später auf das Podium des Tempels gehoben. So präsentierte sich das Kapitol als ausgesprochen urbanes, auf das städtische Zentrum ausgerichtetes Heiligtum. Die überlebensgroßen Götterbilder im Inneren unterstrichen den staatstragenden Charakter des Kultes noch.

41
Heiligtumsbezirk des Foro Triangolare mit dem Tempio Dorico

Das Apollo-Heiligtum hatten die Baumeister dagegen durch Säulenhallen vom Trubel des Forums abgeschirmt und als prunkvollen weißen Schrein inszeniert (Abb. 40). Hier herrschte ein weniger staatstragendes Ambiente. Stattdessen fanden die Gläubigen ein abwechslungsreiches und dicht bebildertes, lebendiges und unterhaltsames Heiligtum vor – nicht umsonst war Apollo neben etlichen anderen Verantwortungsbereichen auch für die Künste zuständig.

Ganz anders als die beiden zentralen Forums-Tempel wirkten die Heiligtümer am Rande der Stadt, die attraktive Ausblicke in die Landschaft boten. Zwar waren die Architekten hier nach ähnlichen Gestaltungsprinzipien vorgegangen. Sie hatten aber jedem der sakralen Bauwerke einen eigenen Charakter und eine spezielle Atmosphäre verliehen.

Das Foro Triangolare hatten sie zum Beispiel als Garten gestaltet. Inmitten des Grüns erhoben sich die Ruinen des archaischen Tempels, der wohl Minerva und Herkules geweiht war (Abb. 41). Neben diesem besonders alten Heiligtum gab es hier noch mehrere kleine Kultplätze und Bauwerke – ein religiöses Idyll, das altehrwürdig und attraktiv zugleich wirkte.

Einen größeren Kontrast als den auf monumentalen Terrassen errichteten Venus-Tempel hätte man sich kaum vorstellen können. Dessen ganze marmorweiß leuchtende Anlage wirkte kalt und erhaben, übersichtlich und rational.

Wieder eine andere Ausstrahlung besaß das Heiligtum für die ägyptische Göttin Isis, die auch in Rom verehrt wurde. Hier hatten die Baumeister Wert auf ungewöhnliche Elemente gelegt: Ägyptische Priesterfiguren, fremdartige Kultinstrumente und Bilder von den Tieren, Pflanzen und Landschaften entlang des Nils sollten diesem Heiligtum ein exotisches Flair verleihen.

Thermen:
Im Spa der Antike

Diese Motive kamen damals bei vielen Menschen gut an, Bilder von ägyptischen Tieren und Pflanzen, Göttern und Pygmäen fanden sich nicht nur in etlichen Privathäusern. Auch in den Thermen entführten sie die Besucherinnen und Besucher in exotische Wasserwelten. So bilderreich wie die Tempel präsentierten sich diese zwar nicht. Doch vor allem an den Decken der damals äußerst populären Badehäuser haben die Maler ihrer Kreativität freien Lauf gelassen.

Neben den Attraktionen Ägyptens sind in diesen Badeanlagen durchaus auch göttliche Wesen zugegen (Abb. 42). Doch schon auf den ersten Blick wird klar, dass es in den Thermen nicht um kultische Ernsthaftigkeit ging. Sondern um Leichtigkeit und Ausgelassenheit, Lebenslust und Genuss. Die olympischen Götter machen sich entsprechend rar. Wenn Bacchus, Diana oder Apollo doch einmal auftauchen, dann als Repräsentanten eines gehobenen, eleganten Lebensstils. Viel häufiger aber finden sich in den Thermen die verspielten und sinnlichen Begleiter der Götter: Da flattern Eroten durch die Luft, die Erde ist bevölkert von tänzelnden Satyrn und anderen mythologischen Wesen. Und

42
Stabianer Thermen, Männertrakt, Vorraum (I), Rekonstruktion Deckenstuck von den Gebrüdern Niccolini, 1854

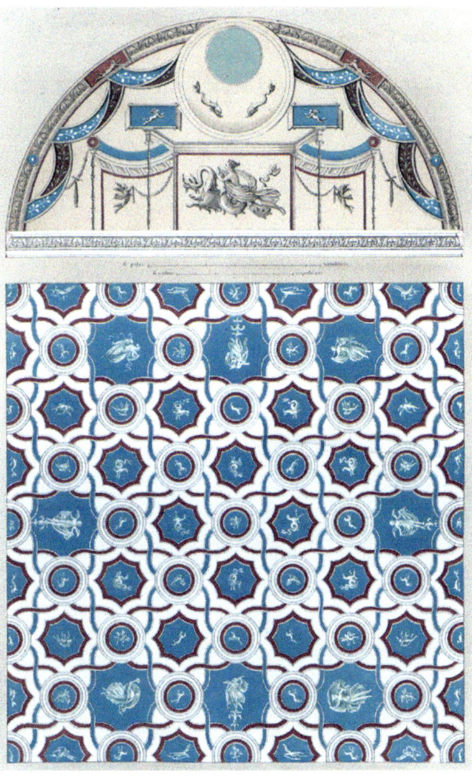

43
Suburbane Thermen, Apodyterium, Oberzone des rückwärtigen Raumteils, mit Sexszenen

in den Wellen spielen Seeungeheuer ebenso wie ganz real wirkende Delfine.

In einigen Räumen sind auch weibliche Figuren in flatternden Gewändern und attraktive Jünglinge dargestellt. Und nicht immer bleibt es in den Bildern bei angedeuteter Erotik. Mehr als deutlich sind die Maler zum Beispiel in den Vorstadt-Thermen geworden, die im Westen unmittelbar außerhalb der Stadt am Hafentor liegen. Dort ist der Umkleideraum mit einem ganzen Reigen von hetero-, homo- und bisexuellen Sex-Szenen geschmückt, in denen es auf äußerst vielfältige und mitunter auch unkonventionelle Weise zur Sache geht (Abb. 43). Die Reaktionen des Publikums auf dieses erotische Potpourri dürften von Erregung und Faszination bis zu distanziertem Ekel gereicht haben. Vielleicht konnten einige Gäste auch ein Lachen nicht unterdrücken. Jedenfalls wurden sie in diesem Umkleideraum auf recht handfeste Weise auf das kommende Erlebnis eingestimmt.

Dabei handelte es sich nicht um ein leeres Versprechen: Sex konnte beim Besuch einer Therme durchaus dazugehören. Doch er war nicht die Hauptattraktion. Hier öffnete sich eine ganze Erlebniswelt, die man mit allen Sinnen genießen konnte. Nach und nach schlenderte man durch verschiedene Baderäume, die sich in der Größe und Ausstattung ebenso unterschieden wie in den Temperaturen und Lichtverhältnissen. Man spürte Wasser, Dampf und Öl auf der nackten Haut, atmete verschiedene Düfte ein und genoss den Kontrast zwischen warmen und kühlen Oberflächen. Und wer genug vom Baden hatte, konnte sich die Zeit mit Massagen und Körperpflege, mit Fitnesstraining oder mit Essen und Trinken vertreiben.

Die Atmosphäre in diesen Badeanlagen wurde aber nicht nur durch Architektur, Dekor und Erlebnisangebote bestimmt. Auch die Besucher trugen entscheidend dazu bei. So hat der römische Schriftsteller Seneca die Geräuschkulisse in solchen Etablissements ausgesprochen lebendig beschrieben:

»Denke dir jede Art von Geräusch, die das Ohr verletzen kann. Stärkere Leute machen Übungen und schwenken die bleibeschwerten Hände; ich höre ihr Stöhnen, wenn sie sich anstrengen oder doch so tun, ihren pfeifenden und schweren Atem, wenn sie die angehaltene Luft loslassen. Ist aber einer plebejisch träge und läßt sich bloß salben, so höre ich den Ton der seine Schultern treffenden Hand, verschieden, je nachdem sie flach oder hohl aufschlägt. Kommt nun gar ein Ballspieler und beginnt die Würfe zu zählen, dann ist alles aus. Dazwischen wird gezankt, oder ein Dieb ertappt, oder einer freut sich im Bade seiner Stimme. Andere springen mit großem Geplatsch in das Schwimmbad. Und außer denen, die doch wenigstens eine richtige Stimme haben, läßt von Zeit zu Zeit der Haarrupfer, um sich bemerklich zu machen, seine dünnen und schrillen Töne hören; er schweigt nur, wenn er einem anderen, den er unter den Achseln rupft, Schmerzensschreie entlockt. Dazu die Rufe der Verkäufer von Kuchen, Würsten und Süßigkeiten«.

(Seneca, Epistulae Morales 56, 1–2; übersetzt bei Mau 1908)

Trotz dieses doch etwas gewöhnungsbedürftigen Lärms waren die vielfältigen Wellness-Oasen äußerst beliebt – und zwar bei Menschen aller Altersstufen, Geschlechter und sozialen Schichten. Zwar gab es für die Frauen in manchen Thermen eigene Räumlichkeiten. Doch Freie und Sklaven, Reiche und Arme badeten im selben Wasser. Sie alle dürften den Besuch in der Therme als Ausdruck eines urbanen Lebensstils empfunden haben.

Straßen: Die Adern der Stadt

Entsprechend wichtig war es, dass die Besucherinnen und Besucher den sozialen Schmelztiegel gut erreichen konnten. Und zwar aus den verschiedensten Richtungen. Daher lagen die drei großen Thermen Pompejis an zentralen Verkehrsknoten im urbanen Westteil der Stadt. Selbst für Fremde waren sie wohl nicht schwierig zu finden. Denn Pompeji war in weiten Bereichen eine recht übersichtliche Stadt. Die meisten Straßen verliefen ziemlich gerade und in einem rechtwinkligen Raster. Vielleicht haben die Planer ja schon damals gewusst, wie wichtig eine gute Orientierung für ein positives Stadterlebnis ist: Wer befürchten muss, sich zu verlaufen, fühlt sich leicht unwohl und verloren.

Vor allem in den Hauptstraßen Pompejis war diese Gefahr jedoch eher gering (vgl. Abb. 34). Diese Verkehrsachsen waren in das überregionale Straßennetz eingebunden und führten mehr oder weniger geradlinig von einem Stadttor zum anderen. Zudem boten sie allein durch ihre Breite von etwa acht Metern eine gewisse Übersichtlichkeit. Auch wer kein Navigations-Genie war, konnte sich auf solchen großen Trassen relativ leicht zurechtfinden. Und einen guten Eindruck machten sie aus damaliger Sicht außerdem: Für Cicero waren breite Straßen geradezu ein Zeichen von Urbanität.

Entsprechend dienten die Verkehrswege einer Stadt damals auch nicht nur dazu, möglichst effektiv von A nach B zu kommen. Sie waren vielmehr regelrechte Begegnungsstätten. Hier lockten die Warenauslagen der Geschäfte, fliegende Händler und Gaukler, Barbiere, Prostituierte und Zuhälter suchten nach Kundschaft. Man traf sich zu einem spontanen Schwätzchen mit Bekannten oder Nachbarn, bestaunte Prozessionen und Festzüge oder nutzte die soziale Bühne für ein wenig Selbstdarstellung.

Das alles erforderte natürlich den passenden Rahmen. Und den zu schaffen, war nicht nur eine Aufgabe für die öffentliche Hand.

44
Blick in eine schmale Nebenstraße, mit einem Larenaltar im Vordergrund

Sondern zum Teil auch Privatsache. Die Breite, die Orientierung und der Verlauf von Straßen wurden zwar durch öffentliche Entscheidungen vorgegeben. Doch Geschäftsleute entschieden, wo sie ihre Läden eröffneten, Privatleute wählten ihre Baugrundstücke. Und wenn es um das Errichten von Brunnen oder Altären ging, griffen öffentliche Vorgaben und private Umsetzung ineinander. Zudem waren die Anrainer für die Instandhaltung und Reinigung der Straßenabschnitte vor ihren Grundstücken und auch für die Gestaltung der dortigen Gehwege zuständig. Dieses vielfältige Engagement hat zu ziemlich verschiedenen Ergebnissen geführt.

So gab es in Pompeji wie in vielen antiken Städten einen deutlichen Unterschied zwischen Haupt- und Nebenstraßen. Auf ersteren brummte das Leben. Wagen rumpelten und holperten in beide Richtungen über das dunkelgraue Pflaster aus großen Lavablöcken. Entsprechend laut war es hier, in der Luft hing der Gestank vom Kot der Zugtiere. Aus heutiger Sicht klingt das nicht nach einer sonderlich einladenden Atmosphäre. Doch abhalten ließ sich davon niemand: Die Hauptstraßen waren voller Menschen.

Immerhin gab es dort breite Gehwege und schattenspendende Säulengänge oder Vordächer. Auf Trittsteinen konnten Fußgänger die Fahrbahn trotz Dreck und Regenwasserströmen einigermaßen bequem überqueren. Und was waren ein paar Unannehmlichkeiten gegen die verlockenden Attraktionen, die diese Publikumsmagnete bereit hielten? In dichter Folge wechselten sich an den Hauptstraßen prunkvolle Hauseingänge und Läden ab. Man konnte einkaufen oder nur die Auslagen der Geschäfte betrachten, an Brunnen und Altären verweilen oder auf einer der Bänke eine Pause einlegen.

Hier lagen zudem die meisten Bars und Gaststätten, so dass auch nachts ein geschäftiges Treiben herrschte. Gerade bei Dunkelheit, wenn Lichter die Tresen und die Eingänge der Läden erhellten, unterschieden sich die Hauptstraßen sehr deutlich von den ruhigeren, dunkleren und vielleicht auch gefährlicher wirkenden Nebenstraßen (Abb. 44). Doch auch am Tag war der Kontrast nicht zu übersehen. Der Verkehr auf den nur 2,50 bis 4,50 Meter breiten Nebenstraßen floss ruhiger. Doch so richtig zum Verweilen luden sie trotzdem nicht ein. Hier lockten keine Warenauslagen oder Restaurant-Eingänge, die weitgehend geschlossenen Mauern der Häuser wirkten eher abweisend. Wenn man hier jemanden traf, waren es allenfalls die Nachbarn.

Altstadt-Flair: Zwischen Geschäften, Kneipen und Bordell

Es gab allerdings ein Viertel, in dem man Geschäfte und Werkstätten auch an kleineren Straßen fand. Die sogenannte Altstadt östlich des Forums hatte ohnehin einen besonderen Charakter (vgl. Abb. 36). In dieser Keimzelle des antiken Pompeji hatte man

45
Straßenkreuzung mit Blick auf das Bordell

das Straßennetz nicht so akribisch durchgeplant wie im Rest der Stadt. Statt in einem übersichtlichen, rechtwinkligen Raster war man hier in einem Gewirr von verwinkelten Straßen und Gassen unterwegs, in dem man oft kaum weiter als bis zum nächsten Gebäudeblock sehen konnte. Hinter jeder Ecke konnte da eine Überraschung warten.

Die Altstadt war ein sozial eher einfaches Viertel mit bescheidenen Häusern. Doch an Betriebsamkeit mangelte es nicht. Die Atmosphäre dürfte die eines Geschäftsviertels gewesen sein: Fußgänger und Wagen drängten sich in den engen Gassen, Lärm und Gerüche drangen aus den zahlreichen Werkstätten. Kleine Läden öffneten sich zur Straße, so dass man das Warenangebot schon von dort überblicken konnte. Und auch das einzige bekannte Bordell der Stadt wartete an einer Kreuzung der Altstadt auf Kundschaft (Abb. 45).

Sonderlich einladend wirkte dieses Etablissement auf den ersten Blick allerdings nicht. Anders als bei vielen Geschäften hatte es keine großen Eingänge, die Laufkundschaft angelockt hätten – wer hierher kam, der wusste, was er suchte. Auch im Inneren präsentierte sich das Bordell eher schlicht. Nur den Wartebereich

46
Sexszene aus dem Flur des Bordells

im niedrigen und relativ schmalen Flur hatten die Betreiber mit Malereien geschmückt.

Einfache rote Bänder rahmten hier weiße Paneele mit kleinen geflügelten Tieren wie Greifen und Schwänen. Ganz ähnliche Motive fanden sich auch in Läden, Bars und anderen Geschäftsräumen. Über den Köpfen der Betrachter aber ging es dann eindeutiger zur Sache: Priapus, der Gott der Fruchtbarkeit, demonstrierte hier seine Potenz, Paare waren in verschiedenen Sex-Stellungen dargestellt (Abb. 46). Wer hier die Blicke schweifen ließ, konnte sich schon einmal bildlich auf das bevorstehende Erlebnis einstimmen lassen. Doch zum längeren Verweilen luden Architektur und Ausstattung auch hier nicht ein.

Nach der wahrscheinlich eher kurzen Wartezeit im Flur landete die Kundschaft dann in einem deutlich nüchterneren Ambiente. Die winzigen Räume des Bordells blieben ausgesprochen schlicht und verzichteten auf ein erotisch aufgeladenes Dekor. Da waren die Betreiber pragmatisch: Nichts sollte hier von der eigentlichen Handlung ablenken.

Die zahlreichen Graffiti an den Wänden verraten allerdings, dass sich die Besucher an dieser eher geschäftsmäßigen Atmosphäre nicht sonderlich gestört haben dürften: Zahlreiche Männer

47 Gaststätte des Saturninus, Hof mit Gartentriclinium

mit typischen Namen der männlichen Unterschicht betonen, hier mehr oder weniger guten Sex gehabt zu haben.

Wer nach käuflichen oder kostenlosen erotischen Erlebnissen suchte, konnte in Pompeji allerdings auch anderenorts fündig werden. Außer der Therme wurden beispielsweise auch Bars und Gaststätten immer wieder zum Schauplatz sexueller Eskapaden. Zwar gab es dort keine exklusiv für die Prostitution reservierten Räume. Doch vor allem größere Gaststätten boten neben einem Schankraum mit Tresen und mehreren Gasträumen auch Separees, die man für entsprechende Aktivitäten nutzen konnte.

Die Atmosphäre war hier allerdings eine deutlich andere als im Bordell. Bei der Gestaltung von Gaststätten legte man durchaus Wert darauf, die Kundschaft zum Verweilen einzuladen. So boten etliche Restaurants einen großzügigen Hofbereich, wie es ihn sonst nur in den Häusern der Bessergestellten gab. Dort konnte jeder zumindest für eine gewisse Zeit einen gehobenen Lebensstil genießen (Abb. 47). In den meisten dieser Höfe war eine Kultstätte eingerichtet. Manchmal konnte man dort aber auch Wein konsumieren, sie waren also mit einem heutigen Biergarten vergleichbar. So gewann jede Gaststätte durch ihre Größe und Architektur, ihre Ausstattung und ihren Dekor einen ganz eigenen Charakter. Entsprechend kam die Kundschaft mal zum gemeinsamen Trinken, mal zum üppigen Tafeln und mitunter eben auch für bezahlten und unbezahlten Sex.

Auch in den etwas kleineren und mit bescheideneren Gasträumen ausgestatteten Bars gab es Angebote für die unterschiedlichsten Geschmäcker. Jede war ein Unikat mit eigenem Essens- und Getränkeangebot, spezifischer Architektur und Gestaltung – und entsprechend eigener Atmosphäre.

Um Passanten anzulocken, warben viele dieser Bars mit prunkvollen Tresen, die einen Hauch von Luxus verbreiteten. Oft waren sie mit hochwertigen Marmorreliefs geschmückt, auf denen die unterschiedlichsten Motive dargestellt waren. Ähnlich wie in Gaststätten tranken die Gäste zum Beispiel oft unter den Augen von Bacchus, dem Gott des Weines und der Ekstase. Es gab aber auch Tresen, die ihre Betrachter aus der Enge der Bar in die Natur entführten. Oder die sie im Gegenteil ganz bewusst dort beließen, wo sie waren.

Die Bar des Salvius zum Beispiel präsentierte in ihrem ungewöhnlich reich bebilderten Eingangsbereich jede Menge Kneipenszenen (Abb. 48). Wer sie betrachtete, wusste schon, was ihn beim Betreten des Ladens erwartete: Liebesschwüre und Weinkonsum, Spiel und Streit in einem eher einfachen Ambiente.

Konsum-Welten: Verführung zum Geldausgeben

Noch rustikaler ging es in den kleinen Lebensmittelgeschäften und Imbissen zu, die nur aus einem Verkaufsraum bestanden. Hierher kam Laufkundschaft aus der Nachbarschaft, um sich mit Lebensmitteln und warmen Gerichten zum Mitnehmen zu versorgen. Gegessen wurde dann irgendwo in der Umgebung oder zu Hause. Durch diese antiken Take-aways waberten die Essensgerüche, es herrschte dichtes Gedränge auf engem Raum. Da man

48
Kneipenszenen im Eingangsbereich der Bar des Salvius

49
Imbiss der Insula V 3, Tresen

sich hier nicht lange aufhielt, waren die Wände sehr einfach gestaltet, man hatte nicht den Ehrgeiz, die Gäste zu unterhalten.

Mehr Aufwand hatten die Betreiber lediglich auf den Tresen verwendet, der im Zentrum des Verkaufsgeschehens lag. So viel Prunk wie in manchen Bars hatte man sich bei dessen Gestaltung zwar nicht geleistet. Doch auch hier zogen Bilder oder hochwertige Materialien wie Marmor die Aufmerksamkeit auf sich.

In einem erst 2019 entdeckten Imbiss in der Region V zum Beispiel war der Tresen mit verschiedenen Bildfeldern geschmückt (Abb. 49). Eines davon präsentiert eine heitere marine Traumwelt, in der sich Delfine in den Wellen tummeln und eine Meeresnymphe auf einem Mischwesen aus Pferd und Fisch reitet. Weitere

Tresen-Malereien zeigen Szenen aus dem Imbissalltag und einen Teil der dort feilgebotenen Produkte – vom lebendigen Hahn bis zu verkaufsfertig geschlachteten Enten.

Offenbar bemühte man sich also schon in der Antike darum, den Handel ästhetisch aufzuwerten. Ob man die prächtige Markthalle des Macellums mit einer ehrwürdigen Atmosphäre auflud oder einen gemalten Bacchus die Zecher zum Weintrinken animieren ließ – das Ziel war immer das Gleiche: Ein sorgfältig gestaltetes Ambiente sollte die Kundschaft nicht nur anlocken, sondern auch zum Geldausgeben verführen.

Nach dem gleichen Konzept funktioniert modernes Marketing auch heute noch. Fachleute entwickeln immer raffiniertere Konzepte, um das Einkaufen und Konsumieren zum Erlebnis zu machen. Reisebüros zum Beispiel inszenieren heute auf ganz ähnliche Weise die exotischen Sehnsuchtsorte ihrer Kundschaft, wie es schon die ägyptisch angehauchten Wandmalereien in den Thermen und im Isis-Tempel Pompejis getan haben. Und auch bei der Gestaltung von anderen Geschäften, von Ladenpassagen oder Freizeiteinrichtungen geht es darum, durch eine maßgeschneiderte Atmosphäre die Kasse klingeln zu lassen.

Dazu greifen die Gestalter tief in die Trickkiste der Architektur und des Innenraumdesigns. Optische und akustische Reize sollen sich zu einem überzeugenden Ganzen verbinden, und sogar an die Nase wird appelliert. Spezialisierte Hersteller bieten inzwischen eine breite Palette von Gerüchen an, die über Aromasäulen oder Klimaanlagen in die Luft von Verkaufsräumen abgegeben werden können. Je nach Branche, Räumlichkeiten und Zweck stellen professionelle Marketing-Firmen daraus maßgeschneiderte Duftkonzepte zusammen.

Da gibt es Brötchenduft für Bäckereien, Kaffeearoma für Raststätten oder Karibikflair für Reisebüros. Und ein Hauch von Zimt- oder Lebkuchenduft, der zur richtigen Jahreszeit durch den Laden weht, soll die Kundschaft in weihnachtliche Stimmung versetzen. Sie soll sich wohlfühlen und sich entsprechend länger dort aufhalten, so das Kalkül. Vielleicht sitzt ihr dann ja auch das Portemonnaie etwas lockerer als sonst. Psychologische Studien haben festgestellt, dass solche Konzepte durchaus funktionieren können. In etlichen Fällen verweilten die mit Duftbotschaften umworbenen Besucherinnen und Besucher tatsächlich länger im Laden. Und mitunter gaben sie auch mehr Geld aus.

Es kann sich also lohnen, die Atmosphäre von Städten und Gebäuden gezielt zu designen. Und zwar nicht nur, wenn es ums Geldverdienen geht. Auch ein Plus an Lebensqualität und Wohlbehagen, an Gemeinschaftsgefühl und Identifikation mit der eigenen Stadt kann ja ein echter Mehrwert sein.

Erst denken, dann bauen:

Wie sich Städte planen lassen

Ob es um das Flair ganzer Viertel geht oder um den Charme von Straßen, Plätze und Parks, um die Atmosphäre einer Metropole oder um die viel kleinerer Orte: Die Weichen für die Entwicklung einer Stadt werden gestellt, lange bevor die ersten Menschen auch nur überlegen, dorthin zu ziehen. Denn die Entscheidung über die Zukunft eines neuen Quartiers, eines Viertels oder einer kompletten Stadt wird bereits mit den Plänen für deren Bau festgelegt, erklärt der italienische Architekt, Architektur- und Städtebau-Historiker Vittorio Magnago Lampugnani von der Eidgenössisch-Technischen Hochschule (ETH) Zürich, der als Gast-Professor auch an der Christian-Albrechts-Universität zu Kiel geforscht hat. Dabei aber sollten sich die Städtebauer seiner Ansicht nach an den alten Konzepten orientieren, mit denen einst historische Orte entwickelt wurden.

Vorrang für den öffentlichen Raum

Damals wie heute wussten die für solche Planungen Verantwortlichen, dass Städte durch das Zusammenspiel zwischen öffentlich und privat genutzten Flächen geprägt werden, ergänzt die CAU-Archäologin Annette Haug. Es sind jedoch besonders die für alle Menschen zugänglichen Bereiche, die ganz wesentlich zu dem beitragen, was eine Stadt im Grunde ausmacht: Gemeinsam erzeugen diese öffentlichen Räume das, was wir gerne mit dem Begriff »Urbanität« beschreiben.

In der Realität der vergangenen Jahrzehnte wurden allerdings oft nur einzelne Probleme gelöst, während die Stadt als Ganzes häufig aus dem Blick geraten ist. Ein wichtiger Grund für diese Entwicklung liegt auf der Hand: Fast überall auf der Welt wuchsen die Einwohnerzahlen der Städte enorm, immer mehr Menschen wurden von der Urbanität angezogen. Bald drohten die Gemeinden, Opfer ihres eigenen Erfolgs zu werden. Und weil es keine angemessenen Planungskonzepte für dieses rasante Wachstum gab, scheiterten die Städtebauer nach Einschätzung von Vittorio Magnago Lampugnani immer wieder an einer ihrer zentralen Aufgaben: Orte zu schaffen, an denen Menschen gut und erfolgreich zusammen arbeiten, lernen und vor allem leben können.

Schlaf-Gettos und Büro-Einöden

Typisch für solche Entwicklungen sind die oft in den 1950er und 1960er Jahren meist am Rand existierender Städte entstandenen neuen Viertel und Quartiere. So hatte die Kleinstadt Sarcelles am nördlichen Rand von Paris in den 1940er Jahren rund 8000 Einwohner. In den beiden Jahrzehnten von 1955 bis 1975 entstanden daneben mehr als 12.000 neue Wohnungen, bald lebten in Sarcelles mehr als 50.000 Menschen. Solche Satelliten-Städte schossen in dieser Zeit nicht nur in Frankreich, sondern in vielen Teilen der Welt aus dem Boden.

Das Problem dabei war, dass in den meisten dieser Neubauviertel fast nur Wohnungen geplant wurden. So entstanden Schlaf-Gettos, die tagsüber veröden und einen trostlosen Eindruck machen. Die Menschen leben in den Plattenbauten zwar Tür an Tür, haben aber oft nur wenig Kontakt zu ihren Nachbarn. Diese anonyme Welt aber verändert die Bewohnerinnen und Bewohner, die in Frankreich oft aus den früheren Kolonien in Afrika stammen oder deren Vorfahren von dort kamen. Mit der Zeit entsteht eine Mischung aus Entfremdung, Depression und Verwahrlosung – und damit eine soziale Krankheit, die unter dem Begriff »Sarcellite« bekannt ist. Kein Wunder, wenn Sarcelles längst als einer der gefährlichsten Vororte von Paris gilt – auch wenn die Verhältnisse in etlichen anderen dieser Satellitenstädte nicht nur in Frankreich keinen Deut besser sind.

Konzipieren die Planer wie in der am westlichen Rand von Paris liegenden Satellitenstadt La Défense ein reines Gewerbeviertel mit extrem vielen Büroräumen, entsteht ebenfalls keine lebendige Gemeinde. Das Ergebnis ist dann eine Arbeitsstadt, die nach Feierabend genauso verödet wie die Schlaf-Gettos tagsüber. In diesem Geschäftsquartier arbeiten rund 180.000 Menschen, während gerade einmal 20.000 Einwohner dort leben und damit in La Défense wirklich zuhause sind. Urbanität sucht man in dieser gläsernen Bürostadt genauso vergebens wie in Sarcelles und vielen anderen reinen Gewerbe- oder Schlaf-Vierteln.

Richtige Mischung

Eine gute Stadt-Planung muss daher ein ausgewogenes Verhältnis von Leben und Arbeiten ermöglichen, meint Vittorio Magnago Lampugnani. Es gilt, nicht nur Wohnraum für Menschen mit unterschiedlichen Einkommen zu schaffen, die aus

50
Stadtplanung mit vielseitigem Angebot aus Gewerbe- und Wohnräumen, Verkehrs- und Grünflächen und vielem mehr

den verschiedenen Schichten der Gesellschaft stammen. Gefragt ist auch alles, was diese zukünftigen Neu-Städter im täglichen Leben und für die üblichen Aktivitäten brauchen. Die Palette reicht dabei von Einkaufsmöglichkeiten in Super- und Getränkemärkten, Drogerien und Bäckereien über Dienstleistungen wie Friseure, Gaststätten, Post und Banken bis hin zu den verschiedensten Handwerkern. Kindergärten und Schulen, Bibliotheken und Kinos, Universitäten und Kliniken, Museen und Theater werden genauso mitgeplant wie Sporthallen und Stadien, Gärten und Parks (Abb. 50). Dazu kommt dann noch der eine oder andere Bahnhof und vielleicht auch ein Flughafen. Natürlich wird auch die Arbeitswelt nicht vergessen, Büros, Werkstätten und Fabriken finden also ebenfalls ihren Platz.

Alle diese Einrichtungen und noch viel mehr sollten gut überlegt in einer möglichst praktischen Mischung gebaut werden, betont Vittorio Magnago Lampugnani. Schulen und Kindergärten, Supermärkte und Dienstleistungen sollten zum Beispiel möglichst nahe bei den Wohnhäusern und Arbeitsstätten entstehen und gut

51 Möglichst kurze Arbeitswege

erreichbar sein. Schließlich kann es nur von Vorteil sein, wenn die täglichen Wege der Menschen möglichst kurz ausfallen (Abb. 51).

Eine solche günstige Mischung entsteht allerdings nicht von selbst, sondern braucht einen Plan mit vielen kreativen Ideen. Auch wenn sorgfältige Analysen vorher ermittelt haben, wieviel Wohnraum entstehen soll, wie viele Plätze in Bildungseinrichtungen benötigt werden und was sonst noch erforderlich ist, wartet auf die Planung also immer noch eine ungemein reizvolle, aber eben auch anspruchsvolle Herkules-Aufgabe: Um die richtige Mischung zu schaffen, sind Schöpfergeist und Kreativität gefragt.

Gutes Angebot

Gelingt der Planung der große Wurf, entsteht genau das, was den verödeten Monokulturen der Schlaf- und Bürostädte der frühen Nachkriegszeit bis heute fehlt: Urbanität. Das wiederum kann der Anfang einer Entwicklung sein, die sich selbst verstärkt und die Lebensqualität für die Bewohner weiter verbessert. Sind die Straßen und Plätze ästhetisch gut gestaltet (Abb. 52), wirken sie

52
Steigerung der Lebensqualität durch ästhetische Straßen und Plätze …

attraktiv und regen die Menschen zu Aktivitäten an, die ihnen Spaß machen. Solche Angebote nehmen die Bewohnerinnen und Bewohner oft dankbar an: Auf den Plätzen spielen Kinder, Menschen spazieren durch die Straßen und unterhalten sich, sitzen auf Bänken und lesen oder machen ein Picknick im Park (Abb. 53). Sie besuchen ihre Stammkneipe oder ihr Lieblingscafé und vieles mehr.

Solche reizvollen Begegnungen aber gibt es im Auto und im Stop-and-Go-Verkehr kaum oder gar nicht. Und sei es nur, weil weit und breit kein Parkplatz in Sicht ist. Wer anderen begegnen möchte, hat also gute Gründe, auf den fahrbaren Untersatz mit vier Rädern zu verzichten und umzusteigen. Diese Menschen laufen dann zu Fuß oder fahren vielleicht mit dem Rad. Dadurch verbrauchen sie weniger Energie, produzieren weniger Schadstoffe, verringern den Lärm und gewinnen gleichzeitig etwas, das für die Lebensqualität sehr wichtig ist: Gemütlichkeit. Dadurch werden noch mehr Menschen auf die Straßen und Plätze gelockt, die Stadt belebt sich weiter. Und trotzdem entsteht dabei kein Gedränge, weil die Planung von vorne herein großzügig war.

53
... und durch grüne Parkanlagen

Der Reiz des Althergebrachten

Allerdings gibt es kein Rezeptbuch für eine solche Entwicklung. Nirgends lässt sich nachschlagen, wie der öffentliche Raum denn gestaltet werden sollte, um diese sich selbst verstärkende Urbanität erst einmal in Gang zu setzen. Was es aber sehr wohl gibt, sind Beispiele aus der Geschichte einer Stadt: Parks, Plätze und Straßen, in und auf denen sich die Menschen zu allen Zeiten wohlfühlten und die sie gerne aufsuchten. Dort zeigten die Gaukler des Mittelalters ihre Kleinkunst, dort flanierte das aufgeklärte Bürgertum der Neuzeit, und dort sind auch die Kids, die Senioren und alle anderen Altersstufen des 21. Jahrhunderts unterwegs.

Einfach nachahmen lassen sich diese Baupläne einer althergebrachten Stadtplanung zwar nicht. Doch Vittorio Magnago Lampugnani ist davon überzeugt, dass wir aus diesen Erfolgsrezepten lernen und sie an die Herausforderungen unserer Zeit anpassen können. So ließe sich seiner Ansicht nach eines der verheerendsten Missverständnisse des neuzeitlichen Städtebaus korrigieren: Glaubten viele Planungsbüros doch, es sei eine

Todsünde, Althergebrachtes zu übernehmen. Sie wollten ganz im Gegenteil das Rad immer wieder neu erfinden. Die neue Stadt oder das neue Viertel müssten völlig anders werden, damit auch ja nicht der Hauch eines Verdachtes der Langeweile auf ihre Schöpfer fallen könne. Denn die fürchteten vor allem eines: Nicht beachtet zu werden.

Von Milet bis Paris

Dabei scheinen genau die Planungen besonders erfolgreich zu sein, die auf althergebrachte Erfolgsrezepte bauen und sich daher auf das Anlegen von Straßen, Plätzen und Infrastruktur konzentrieren. Nach diesem Konzept wurde im frühen Griechenland im achten und siebten Jahrhundert vor unserer Zeitrechnung bereits die Stadt Megara Hyblaia geplant, ergänzt Annette Haug. Zunächst entstanden dort der zentrale Platz und das Netz der Straßen, die gleichzeitig die vorhandene Fläche in Parzellen für private Gebäude gliederten. Aus dieser Grundstruktur sollte sich die Stadt mit ihren öffentlichen Gebäuden und Wohnhäusern nach und nach weiter entwickeln.

Dieses Rezept hat auch in der Neuzeit funktioniert: Im 16. Jahrhundert realisierte Domenico Fontana im Auftrag von Papst Sixtus V. ein neues Straßennetz, das Rom und seine Hauptkirchen erschloss. Philipp Gerlach schuf im 18. Jahrhundert die Stadterweiterung der Südlichen Friedrichstadt mit dem Pariser Platz, dem Leipziger Platz und dem Mehringplatz, die Berlin noch heute prägt. Nachdem ein Erdbeben am 1. November 1755 Lissabon weitgehend zerstört hatte, konzipierte Eugénio dos Santos mit schnurgeraden Straßen, die einander rechtwinklig kreuzen, den Wiederaufbau und schuf mit der Unterstadt Baixa Pombalina ein neues Stadtzentrum mit erdbebensicheren Gebäuden. In einem erheblich umfangreicheren Projekt gestaltete ab 1853 Georges-Eugène Haussmann Paris mit 150 Kilometer neuen Straßen, großen

Kulturbauten, Markthallen und Bahnhöfen, sowie einer neuen Kanalisation um.

Kreuzberg im Wandel

Solche Städte haben sich im Verlauf vieler Jahrzehnte und manchmal auch Jahrhunderte immer wieder an ihre jeweilige Zeit angepasst und ihre Erfolgsgeschichte oft genug mit neuen Funktionen in alten Gemäuern fortgesetzt. Als markantes Beispiel für einen solchen wiederkehrenden Wandel nennt Vittorio Magnago Lampugnani Kreuzberg im Herzen von Berlin, das in mehr als hundert Jahren sein Gesicht immer wieder grundlegend änderte.

Im späten 19. Jahrhundert als Wohnort des gut situierten Bürgertums entstanden, verkamen die Häuser nach dem Zweiten Weltkrieg und vor allem nach der Teilung der Stadt durch die Berliner Mauer. In diesen inzwischen billigen Wohnraum zogen größtenteils weniger begüterte Einwanderer, die häufig aus der Türkei kamen. Nach den 1960er Jahren wandelte sich Kreuzberg erneut und wurde zum Zentrum einer jungen, alternativen Szene, die sehr gut mit dem Einwanderungsmilieu harmonierte. In den 1980er Jahren wurden dann etliche Häuser behutsam saniert und waren so für kleine Angestellte sehr attraktiv. Nach dem Fall der Mauer zogen schließlich eher wohlhabende Menschen in das Viertel, von denen viele aus dem kreativen Bereich kamen.

Ohne Zwangsjacke

Weshalb sollten solche Erfolgsgeschichten mit mutigen Plänen nicht auch im 21. Jahrhundert gelingen? Werden dabei keine Maßanzüge geschneidert, sondern weite und bequeme Gewänder, können sich die Städte ähnlich wie Kreuzberg gut an Neues anpassen, ist Vittorio Magnago Lampugnani überzeugt. Dann bilden die Viertel eben keine Zwangsjacke, sondern lassen einen großen Spielraum. Und ähnlich, wie Menschen die Räume eines neuen Zuhauses an ihre Wünsche anpassen und aus dem einstigen Schlafzimmer vielleicht ein Heim-Kino machen, lassen auch gut geplante Städte ausreichend Spielraum für Neues. Auch wenn die einstigen Planungen diese Änderungen nie vorhergesehen haben und das oft genug auch gar nicht konnten.

Ein eindrucksvolles Beispiel für einen solchen Wandel ist Barcelona mit seinem Eixample. Eigentlich hatte der Stadtplaner Ildefons Cerdà 1859 diese große Erweiterung als Gartenstadt konzipiert, in der mehr als der Hälfte der Flächen grün sein sollten. Heute ist von dieser Idee wenig zu sehen, Barcelona ist zu einer sehr dicht bebauten Stadt geworden. Der einstige Plan aber war offen genug, um diese Entwicklung zuzulassen.

Ohnehin sind Städte zu komplex, um sie gleichzeitig gut und unveränderlich zu konzipieren. Schließlich erfinden Menschen immer wieder Neues. So lösen sie zum Beispiel den Transport mit Pferden durch Autos und Bahnen ab, die vermutlich irgendwann wieder einer ganz anderen Neuerung weichen werden. Die Stadt muss dann flexibel genug sein, um mit dem Neuen auch gut zurecht zu kommen. Und sie muss offen sein für das Ungedachte und das Unplanbare.

Öffentliche Räume

Diese Flexibilität zeigt sich besonders in den öffentlichen Räumen, ohne die eine Stadt kaum existieren kann. Dabei bezieht sich dieser Begriff in Europa oft auf frei zugängliche Anlagen wie etwa Parks. Die sind vor allem im 19. Jahrhunderts aus gutem Grund entstanden, erklärt die Stadtforscherin Hilke Marit Berger von der HafenCity Universität in Hamburg: Damals fanden viele Menschen vom Land in den vielerorts aus dem Boden schießenden Industrie-Betrieben Lohn und Arbeit. Nur reichte dieses Einkommen nicht für große Sprünge, und die Familien lebten

54 In öffentlichen Räumen wie hier im Berliner Tiergarten schlägt das Herz einer Stadt

häufig in sehr kleinen und einfachen Wohnungen. Um diesen Menschen Erholung zu ermöglichen, entstanden vielerorts öffentliche Flächen wie Parks und Plätze, die für alle frei zugänglich sein sollten.

Diese Rolle spielen die Parks noch heute. Das zeigt sich zum Beispiel, wenn man an einem schönen Sommersonntag einen Blick auf die öffentlichen Grünflächen des Berliner Tiergartens wirft (Abb. 54). Dort bauen dann Menschen aus sehr unterschiedlichen Weltregionen ihre Grills auf, um ein entspanntes Wochenende zu genießen. Das Grün wird nicht nur zum Freiluft-Restaurant, sondern auch zum Spielplatz für Kinder, junge Leute und oft auch für die älteren Semester. Regelmäßig begegnen sich auf solchen frei zugänglichen Flächen auch Menschen aus verschiedenen Schichten, die sonst nur wenige Berührungspunkte haben. Dort gibt es Veranstaltungen und Demonstrationen – kurz: In den öffentlichen Räumen schlägt das Herz der Städte.

55
Blick aus dem Umland ins Zentrum von Wien

Digitale Werkzeuge

Dabei entstehen komplexe Beziehungen, die Jörg Rainer Noennig von der HafenCity Universität in Hamburg mit digitalen Modellen der Stadt unter die Lupe nimmt. So erhält er Einblicke in Prozesse, die in der Stadt-Entwicklung auftreten. Und die kann er verwenden, um mögliche Entwicklungen und den Einfluss einzelner Weichenstellungen zu untersuchen. Solche digitalen Werkzeuge können Regierungen, Verwaltungen und Unternehmensleitungen dann nutzen, um rasch umfangreiche Daten zu analysieren und Entscheidungen vorzubereiten und zu fällen.

In einem völlig anderen Ansatz können aber auch breite Schichten an der Stadtentwicklung beteiligt werden. So fließen die Vorstellungen, Wünsche und Forderungen sehr vieler Menschen ein, Entscheidungen über die Nutzung von Flächen können weiter demokratisiert werden. Die digitalen Werkzeuge machen dabei unter anderem komplizierte Sachverhalte zum Beispiel mit Grafiken leicht verständlich.

Andererseits können sie aber auch schwer überschaubare Zusammenhänge zum Beispiel beim Mikroklima analysieren und so herausbekommen, wie sich an heißen Tagen Wärmestaus

56
Hinter dem grünen Umland tauchen die Randgebiete und weiter hinten das dicht bebaute Zentrum von Wien auf

mildern lassen und wie sich bei Extremniederschlägen das Wasser am besten abführen oder stauen lässt. Oder sie können simulieren, wie sich die Mobilität in der Stadt entwickelt, wenn bestimmte Entscheidungen getroffen werden. Dann liefern sie vielleicht auch Hinweise, wie sich diese Entwicklungen zum Besten der Stadt und ihrer Menschen beeinflussen lassen.

Letztendlich sollen die jungen Leute an den Universitäten nicht nur lernen, wie sie solche digitalen Werkzeuge gut einsetzen können. Sie sollen vielmehr auch die Grundlagen erwerben, um solche digitalen Baukästen für die Stadt-Entwicklung selbst herzustellen. Mit dieser Hilfe können sie eine nachhaltige Stadt entwerfen, in die sie nicht nur alle Vorgaben, sondern vor allem auch eigene Ideen einfließen lassen.

Fließende Grenzen

Dabei sollten die Grenzen einer Stadt in solchen Modellen alles andere als starr sein. Zwar ist das Gebiet einer Gemeinde exakt festgelegt. In der Realität aber zerfließen diese administrativen Stadtgrenzen, weil die Kommunen äußerst vielfältig mit ihren

57
Nur in wenigen Stadtregionen wurden die Querverbindungen zwischen den aufs Zentrum zulaufenden Schienensträngen verwirklicht, hier das Beispiel Stockholm

Nachbarn verflochten sind (Abb. 55), beschreibt Axel Priebs vom Geographischen Institut der Universität Kiel den Alltag. So umgibt eine oft deutlich verstädterte Zone, die gern »Speckgürtel« genannt wird, das offizielle Gebiet einer Kommune (Abb. 56).

Häufig pendeln die Menschen mehrmals täglich über die unsichtbare Grenze, um auf der anderen Seite zu arbeiten, einzukaufen, die Kinder zur Schule zu bringen oder ihrem Feierabend-Vergnügen nachzugehen (Abb. 57). Und zwar, ohne dabei große Unterschiede wahrzunehmen. Diese werden allerdings rasch sichtbar, wenn zum Beispiel der Frauentag am 8. März in Berlin ein gesetzlicher Feiertag ist, während im zu Brandenburg gehörenden Umland normal gearbeitet wird. Am Reformationstag am 31. Oktober kehrt sich die Situation dann mit einem Feiertag samt geschlossener Betriebe, Geschäfte und Schulen in Brandenburg und einem normalen Arbeitstag in Berlin um. An den restlichen 363 Tagen des Jahres dagegen existiert die Grenze der Bundeshauptstadt weitgehend nur auf dem Papier und bleibt in der Realität unsichtbar.

Ausgelagert

Ohnehin werden bestimmte Anlagen und Funktionen einer Stadt mehr oder weniger weit ins Umland ausgelagert. Für einen Flugplatz oder einen Rangierbahnhof gibt es in den Zentren die benötigten Flächen häufig einfach nicht. Obendrein nimmt man im dichtbevölkerten Kerngebiet die negativen Seiten solcher Einrichtungen nicht gern in Kauf. Daher starten die lärmenden Jets oft weit außerhalb der Kernstadt, während Rangierbahnhöfe und vor allem Kläranlagen mit weniger Lärm und nicht allzu weit tragendem Gestank auch im engeren Umkreis ihren Platz finden.

Bereits in den 1970er Jahren gab es Studien, nach denen so häufig eine typische Struktur entsteht: Die eigentliche Stadt liegt dabei im Kern, darauf folgen in konzentrischen Kreisen eine verstädterte Zone, das Randgebiet und schließlich das Umland. In diesen Ringen gibt es in der Regel kleinere Zentren mit eigener Infrastruktur, die von Geschäften über Kitas und Schulen bis hin zu Krankenhäusern reicht (Abb. 58).

58
Die verschiedenen Bereiche zwischen dem Kerngebiet einer Stadt und dem Umland sind eng miteinander verflochten

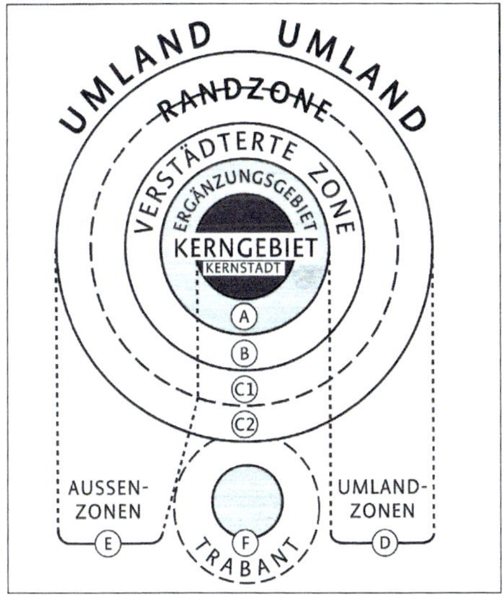

Allerdings zeigen sich rasch auch die Nachteile solcher konzentrischen Strukturen. So führen Nahverkehrsverbindungen besonders in Stadtregionen wie zum Beispiel im Großraum München meist nur von den Randbereichen in den Kern. Querverbindungen fehlen dagegen mit wenigen Ausnahmen wie zum Beispiel in Stockholm meist. Wer zur Arbeit, in die Schule oder zum Einkaufen nicht in die Kernstadt, sondern in den viel näheren Nachbarort möchte, hat dann zumindest mit öffentlichen Verkehrsmitteln schlechte Karten. Genau solchen Problemen sollte die Regionalplanung mit Blick auf Klima- und Umweltschutz in Zukunft vorbeugen.

59
Die Abbildung zeigt die Eingemeindungen in das Kieler Stadtgebiet zwischen 1869 und 1970

Eingemeindungen und Zweckverbände

Am Beispiel der Geschichte Kiels zeigt Axel Priebs die Entwicklung einer solchen Stadt-Umland-Region mit ihren Vorteilen, Tücken und Fallstricken auf. Als 1871 der Reichskriegshafen an die Förde kam, begann die Entwicklung zur Großstadt. Der mittelalterliche Stadtkern bot damals bei weitem nicht genug Platz für die rasch wachsende Bevölkerung. Die Antwort der Stadt Kiel, sich Gemeinden im Umland einzugliedern (Abb. 59), um Platz für die hinzu gekommenen Bürger zu schaffen, war auf Dauer nicht erfolgreich und stieß in der Peripherie immer häufiger auf Widerstand.

Ähnlich wie in vielen anderen Stadtregionen wurden daher vor allem nach dem Zweiten Weltkrieg die Eingemeindungen häufig durch regionale Zusammenarbeit ersetzt: Gemeinsam mit dem Umland sollte so die Raumplanung besser koordiniert werden,

60
Der Verbandsplan Kieler Umland für die Jahre 1968 bis 1985

61
Kiel. Blick auf die Innenstadt und Förde

und wichtige Infrastruktur-Maßnahmen wie ein gemeinsamer Verkehrsverbund ließen sich verwirklichen (Abb. 60). Allerdings war auch rasch klar, dass Kernstadt und Umland nicht immer die gleichen Ziele verfolgen. Vor allem, wenn es um die Finanzen geht, kann das erhebliche Sprengkraft entfalten. Tatsächlich war der regionale Zweckverband für Kiel und sein Umland dann auch 1992 am Ende. Erst 2018 gab es mit der »Fördekooperation Kiel und Umland« zumindest für einige Themen eine funktionierende Nachfolge-Struktur (Abb. 61).

Soziologie der Stadt

Im Zentrum der Planungen solcher Zweckverbände und Stadtverwaltungen sollten immer die Interessen der Menschen stehen, die dort leben und arbeiten, lernen und ihre Freizeit verbringen. Diese Bevölkerung ist allerdings keineswegs ein starres Gebilde. Schließlich lebt sie in einer Umwelt, die sich laufend verändert, erklärt die Soziologin Ingrid Breckner von der HafenCity Universität Hamburg.

62 Kinderwünsche für ihr Wohnquartier erarbeitet im AIT Architektursalon in Hamburg

Nicht nur ziehen immer wieder Neuankömmlinge ins Quartier, während Alteingesessene wegziehen oder sterben (Abb. 62). Da öffnen auch neue Geschäfte und Restaurants, andere schließen oder wechseln ihre Besitzer und damit oft genug auch ihr Angebot. Statt italienischer Küche gibt es dann türkische oder griechische Gerichte, und der Second-Hand-Laden weicht einer teuren Mode-Boutique – oder es passiert genau das Gegenteil. Solche Wechsel aber sprechen oft andere Kunden und manchmal auch völlig andere Milieus an.

Vielleicht lässt die Verwaltung auch einen neuen Spielplatz bauen, investiert in Schulen und Kindergärten oder gestaltet einen Park neu und passt ihn dabei besser an die Interessen der Menschen an (Abb. 63). Dort treffen sich dann häufig Leute, die ihre Hunde Gassi führen oder die mit dem Nachwuchs auf Spielplätze gehen. Man begegnet sich aber auch bei Elternabenden, bei Arztbesuchen und beim Einkaufen. Beschäftigte treffen sich in Pausen oder beim Mittagessen, vielleicht auch auf ein Getränk nach Feierabend. Und alle Schichten begegnen sich beim Sport oder in der Freizeit zum Beispiel beim Spaziergang im Park. Aber

63
Öffentliches Spielfeld in der Hamburger HafenCity

vielleicht gehen sie sich auch aus dem Weg, weil man zum Beispiel am Wochenende nicht schon wieder mit seinen Vorgesetzten sprechen möchte?

Vielfalt im Quartier

Solche zufälligen oder geplanten Treffen werden umso interessanter, je vielfältiger die Beteiligten sind und je breiter das Angebot an sozialer, kultureller und wirtschaftlicher Infrastruktur ausfällt. Sind die Entfernungen nicht allzu groß, können die Menschen sich auch zu Fuß begegnen, oder sie nutzen für ihre Treffen einen zuverlässigen öffentlichen Verkehr.

Eine hohe Vielfalt im Quartier bietet allerdings nicht nur viel Abwechslung und neue Perspektiven, sondern kann auch Konflikte auslösen, meint Ingrid Breckner. Oft entsteht daraus aber auch eine soziale Kontrolle, bei der viele Menschen ihr Umfeld aus verschiedenen Perspektiven im Blick behalten. Dadurch wird die Gegend häufig sicherer als mit technischen Maßnahmen wie Überwachungskameras oder mit eher seltenen Streifen von

64
Beteiligung verschiedener Kreise bei Entscheidungen

Sicherheitskräften. Lebt in einem Viertel also eine bunte Mischung von Menschen, die sehr unterschiedliche Berufe und Interessen haben, entsteht ungefähr das Gegenteil eines totalitären Überwachungsstaates, wie ihn der britische Schriftsteller George Orwell in seinem Roman »1984« beschrieben hat.

Gute Aussichten

Erfolg versprechen solche Vorhaben von der Schaffung neuer Parks über Verkehrsplanungen bis hin zu Klimaschutz-Maßnahmen bei Wohnhäusern und Wirtschaftsgebäuden vor allem dann, wenn die Beteiligten bereits im Vorfeld eingebunden werden. Zu diesem interessierten Kreis zählen neben einzelnen Menschen auch Verwaltungen, Vereine, Unternehmen, Forschungseinrichtungen und vieles mehr (Abb. 64). Sollen allerdings bei größeren Projekten tatsächlich alle Menschen und Organisationen im gesamten Umfeld gleichermaßen intensiv beteiligt werden, verzettelt man sich leicht und riskiert ein Scheitern des gesamten Vorhabens.

65
Vernetzung zur Förderung von Nachhaltigkeit

Viele Köche verderben also den Brei. Daher sollte man sich auf die wichtigsten Gruppen konzentrieren, nennen Julia Kroh und Carsten Schultz vom Lehrstuhl für Technologiemanagement der Kieler Universität ein zentrales Ergebnis ihrer Untersuchungen dazu. Besonders wichtig ist es dabei, auch skeptische Personen in den ganzen Prozess einzubinden. Gerade ihre Einwände führen nämlich oft zu entscheidenden Verbesserungen und erhöhen so die Erfolgsaussichten des gesamten Vorhabens. Vor allem Menschen mit konstruktiven Ideen bringen solche Projekte daher gut voran. Auf diesem Weg kann man dann vielleicht ein paar wichtige Schritte auf dem Weg zu einer nachhaltigen Stadt zurücklegen (Abb. 65).

Öko-Design:

Wie Städte nachhaltig werden

Städte gelten überall auf der Welt als Erfolgsmodell schlechthin. Immer mehr Menschen wollen an diesem Erfolg teilhaben, ziehen in die Metropolen und Großstädte und sorgen so für Wachstum: Neue Wohnhäuser, Geschäfte und Wirtschaftsunternehmen mit Arbeitsplätzen schießen mehr oder weniger schnell aus dem Boden.

Dabei aber verbrauchen Gemeinden mehr Platz, der sich auf einem endlichen Globus schlicht nicht vermehren kann. Zudem benötigen sie auch mehr Ressourcen in Form von Baumaterialien, deren Herstellung reichlich Energie verschlingt. Zu diesen Gebäuden führen mehr Leitungen und Versorgungskabel, in denen ebenfalls wertvolle Ressourcen stecken, die mit viel Energie verarbeitet wurden. Verkehrsmittel verbinden die neuen Viertel, auch sie werden natürlich von Energie angetrieben. In den Gebäuden brennt Licht, laufen Heizungen und Maschinen, die dabei Erdölprodukte, Erdgas oder elektrischen Strom verbrauchen. Nicht nur Energie, sondern auch viele andere Ressourcen aber sind schon seit langem, besonders aber im 21. Jahrhundert knapp. Das Erfolgsmodell Stadt droht am eigenen Erfolg zu ersticken.

Allein das Bauen verschlingt in Europa 40 Prozent des Energiebedarfs und schluckt dazu auch noch 16 Prozent des Wasserverbrauchs, erklärt Sabine Schlüter von der Kieler Muthesius Kunsthochschule. Und nennt damit ein Riesen-Problem, für das bereits vor mehr als drei Jahrhunderten eine grundlegende Lösung formuliert wurde: Schon 1713 forderte der sächsische Oberberghauptmann Hans Carl von Carlowitz in seinem Werk Sylvicultura oeconomica, dass nur so viel Holz für Bauten, Bergbau und andere Zwecke geschlagen werden sollte, wie gleichzeitig durch Aufforsten wieder nachwachsen würde. Das war nichts anderes als das Prinzip »Nachhaltigkeit«, das auch heutzutage wieder sehr gefragt ist.

Nachhaltiges Bauen

Nur sind die heute in Mitteleuropa häufig verwendeten Baumaterialien Ziegel und Beton alles andere als nachhaltig. Ein zentraler Grundstoff ist nämlich Sand, der mit anderen Gesteinsmaterialien zu Ziegeln gebrannt wird oder als Beton abbindet. Wieder gewinnen lässt sich dieser Sand am Ende eines Gebäudelebens kaum. Stattdessen landen Beton und Ziegel manchmal als Bauschutt auf Deponien, während ein großer Teil im Straßenbau wieder verwendet wird. Trotzdem kommen in Europa inzwischen 60 Prozent aller Abfälle aus dem Bausektor, der noch dazu die Hälfte aller Rohstoffe verschlingt.

Das aber wird immer mehr zum Problem. Gibt es doch auf der Erde zwar reichlich Sand, der in Ziegel und in Beton wandert. Nur wächst dieser Rohstoff praktisch nicht nach. Mit fast jedem Bauwerk verschwinden daher große Mengen Sand auf Nimmerwiedersehen. Da im dichtbesiedelten Mitteleuropa in den letzten Jahrzehnten extrem viele Bauwerke errichtet wurden, ist vielerorts der für den Bau geeignete Sand bereits zur Mangelware geworden. Nachhaltige Ziegel und Beton gibt es also nicht. Schlimmer noch:

66
Der Zero Waste Space in Kiel ist ein Prototyp, der die Möglichkeiten und Chancen eines ›Neuen Bauens‹ aufzeigen soll. Vom Bauprozess bis zur Nutzung folgt er dem Prinzip der strikten Müllvermeidung und somit einer Ressourceneinsparung

67
Die Wände des Zero Waste Space sind aus nachwachsenden Baustoffen mit guten klimatischen Eigenschaften gefertigt: Holz, Stroh, Flachsvlies und Lehm. Auf zusätzliche Kunststofffolien im Wandaufbau wurde verzichtet

Die Herstellung dieser Baumaterialien setzt große Mengen des Treibhausgases Kohlendioxid frei.

Um nachhaltig zu werden, braucht der Bausektor also andere Konzepte und Grundmaterialien. Genau diese sucht Sabine Schlüter im Projekt »Zero Waste Space«, das sie seit dem Wintersemester 2016/2017 an der Muthesius Kunsthochschule vorantreibt. Und das durchaus erfolgreich: Im Wissenschaftspark Kiel kann man inzwischen den Prototyp eines Mini-Hauses mit einer Grundfläche von 20 Quadratmetern bestaunen (Abb. 66).

Beton und auch Ziegel sucht man dort vergebens, die nicht nachwachsende Ressource Sand bleibt also im Untergrund. Statt Mauern gibt es Holzrahmen, in denen landwirtschaftlicher »Abfall« in Form von Stroh die Wärmedämmung übernimmt (Abb. 67). Die meist aus Erdöl hergestellten Kunststoffe, die sonst häufig zum Dämmen verwendet werden, fehlen dagegen. Die für Holzbauten üblichen Dampfbremsen aus Kunststoff werden durch ein Vlies aus den Fasern der Flachspflanze, Lehm und Lehmputz ersetzt. Zwar enthält Lehm ebenfalls reichlich Sand. Nur wird dieses Material nicht gebrannt, verbraucht also viel weniger Energie und kann am Ende seiner Verwendung mit Wasser leicht wieder aufgelöst werden und so in den Kreislauf zurückkehren. Diese Materialien sind daher nicht nur nachhaltig, sondern schlucken bei der Herstellung auch nur zehn Prozent so viel Energie wie der Bau eines vergleichbaren, nicht nachhaltigen Passivhauses.

Obendrein sind diese Techniken alterprobt und stehen daher ohne lange Entwicklungszeit schnell zur Verfügung. Zumal Sabine Schlüter eine Firma gebeten hat, den Lehm schon im Werk auf Platten aufzubringen. Statt den Putz auf der Baustelle aufzutragen und ihn dann einige Wochen trocknen zu lassen, können solche Elemente rasch montiert und gleich danach andere Arbeiten begonnen werden. Das spart Zeit und Geld – und damit zwei Güter die auf den Baustellen des 21. Jahrhunderts chronisch knapp sind.

In die vier Zentimeter dicken Lehmschichten der Wände und Decken sind Heizungsrohre verlegt. Eine umschaltbare Wärmepumpe lässt im Sommer kaltes Wasser zum Kühlen durch die Wände fließen, während im Winter warmes Wasser den Lehm in eine Flächenheizung verwandelt, die angenehme Wärme abstrahlt. Die große Masse des Lehms ist im Winter ein hervorragender Speicher für die Wärme, wandelt sich im Sommer in eine ähnlich gute Kühlung und nutzt so die eingesetzte Energie aus der Wärmepumpe besonders effektiv (Abb. 68).

68
Das Herz der Anlage ist der eigene Technikraum, der Wasser-, Strom- und Wärmeversorgung steuert

Sparsamer Betrieb

Mit dieser nachhaltigen Bauweise aber begnügt sich Zero Waste Space keineswegs. Der Prototyp soll auch im Betrieb einen möglichst kleinen ökologischen Fußabdruck hinterlassen. Der auf das Dach fallende Niederschlag wird daher in einem Regenwassertank gespeichert. Vor Gebrauch werden winzige, schwebende Teilchen abgefiltert und Keime mit ultraviolettem Licht unschädlich gemacht.

Damit das kostbare Nass auch reicht, wird mit Wasser gegeizt, und der größte Wasserverbraucher herkömmlicher Haushalte erst gar nicht eingebaut: Zero Waste Space verzichtet auf die Toilettenspülung und setzt stattdessen auf eine Kompost-Toilette. Darin fließt der Urin durch eine kleine Fuge ab, wird in einem Behälter aufgefangen und kann als Dünger verwendet werden. In der Schweiz wird ein Ausbringen menschlichen Urins auf Feldern bereits getestet. Damit greifen die Eidgenossen ein erprobtes Konzept auf, das bereits im alten Rom gut funktionierte: Dort wurde der Urin in großen Amphoren gesammelt und von den

Tuchwalkern zum Reinigen von Oberbekleidung verwendet, die anschließend mit Wasser klargespült wurde. Einige solcher Wäschereien, die Urin wieder verwendeten, existierten noch im 19. Jahrhundert. Erst danach wurden das eher anrüchige Verfahren durch Waschbrett und Seife ersetzt.

Die festen Bestandteile wie der Stuhl und das Toilettenpapier werden in den Komposttoiletten von einem schwarzen Förderband abtransportiert, das von Tretpedalen angetrieben wird. Diese Mischung kann von mehreren Toiletten in einem Behälter gesammelt werden. Der Inhalt wird dann von einer Fachfirma geleert und zu Kompost verarbeitet, der den Boden im Garten verbessern kann. Auch die Ausscheidungen der Bewohnerinnen und Bewohner werden also wieder verwendet, und gleichzeitig werden enorme Wassermengen gespart: 44 Liter Trinkwasser rauschen in einem durchschnittlichen mitteleuropäischen Haushalt pro Person täglich durchs Klo. Die Kompost-Toilette spart im Jahr pro Mensch also satte 16.000 Liter. Und das auch noch ohne den lästigen Gestank, den Kot nun einmal verbreiten kann. Kaum entstanden, führt eine automatische Lüftung ohne Energieverbrauch den unangenehmen Geruch ab.

Nicht nur mit einer solchen Kompost-Toilette können Menschen viel Wasser sparen. Das kostbare Nass, das mit dem Klimawandel vielerorts knapp wird, fließt nämlich in riesigen Mengen in die Herstellung vieler Güter, denen man diesen Wasserverbrauch erst einmal gar nicht ansieht. So benötigt man bereits 1280 Liter, um ein einziges Handy zu produzieren. Für eine Jeanshose liegt der Wasserverbrauch beim Herstellen sogar bei 11.000 Litern und ein Kleinwagen schluckt mit 450.000 Litern den Inhalt von 3000 Badewannen. Wer also möglichst nachhaltig leben will, sollte seinen Verbrauch reduzieren, weniger einkaufen und zum Beispiel seine Jeans so lange tragen, bis sie verschlissen ist.

Diese Sparsamkeit gilt natürlich auch für den Energieverbrauch. Der Zero Waste Space-Container hat daher ein einfaches

Lüftungssystem, bei dem die Wärme aus der Abluft zurück gewonnen wird. Solarzellen liefern elektrischen Strom nicht nur für die Haushaltsgeräte, sondern auch für eine Wärmepumpe, die selbst in einem kalten Winter für angenehme Temperaturen sorgt (Abb. 69). Allerdings funktioniert das nur am Tag, weil Sabine Schlüter bewusst auf Batterien als Stromspeicher verzichtet hat: Deren Herstellung und Entsorgung verbraucht viel Energie und Rohstoffe. Akkus sind daher nicht nachhaltig.

Zero Waste Space zeigt bereits als Prototyp, wie man Abfall stark reduzieren kann, ohne gleichzeitig Lebensqualität zu verlieren. Obendrein ist der Container skalierbar, kann also auch für größere Einheiten problemlos verwendet werden. Auch die Trockentoilette ist so konstruiert, dass sie im Hochbau eingesetzt werden kann. Zero Waste Space ist also ein wichtiger Schritt hin zu einer nachhaltigen Stadt der Zukunft. Auch wenn das Ganze momentan nur ein Experiment ist und eine Serienproduktion noch in weiter Ferne liegt.

Wiederverwenden leicht gemacht

Noch einen Schritt weiter geht eine Drei-Zimmer-Wohnung, die seit 2018 in Dübendorf bei Zürich nicht nur bewohnt, sondern auch wissenschaftlich begleitet wird. »Urban Mining & Recycling« heißt dieses Gebäude mit einer Wohnfläche von 125 Quadratmetern, auf denen zwei Menschen zumindest in den Zeiten leben, in denen sie nicht an einer Universität ihrem Studium nachgehen. Regelmäßig berichten sie über ihre Erfahrungen in ihrem nachhaltigen Zuhause, das in einer Kooperation zwischen dem Karlsruher Institut für Technologie (KIT) und der Eidgenössischen Materialprüfungs- und Forschungsanstalt (EMPA) in Dübendorf entstanden ist.

Der Rahmen des Gebäudes besteht aus Holz, das später für andere Zwecke wieder verwendet werden soll. Deshalb bekommt

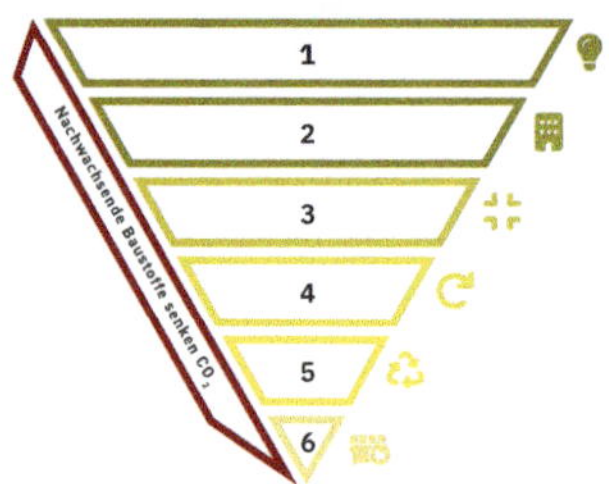

NEU DENKEN! EINE URBAN MINING STRATEGIE GEHÖRT IM ENTWURFSPROZESS BEREITS MITGEDACHT. ZUDEM MUSS DER EINSATZ VON NACHWACHSENDEN BAUSTOFFEN ALS C02-SENKER STÄRKER IN DEN FOKUS RÜCKEN.

ABLEHNEN VON KONZEPTEN, DIE VIELE ENDLICHE RESSOURCEN BENÖTIGEN UND VIEL CO2 FREISETZEN. GEBÄUDEABBRÜCHE ABLEHNEN, DA IN IHNEN VIEL GRAUE ENERGIE (ENERGIE AUS HERSTELLUNGSPROZESSEN) STECKT UND ENDLICHE RESSOURCEN VERBAUT WURDEN.

REDUCE

STARKE REDUZIERUNG VON ROHSTOFFEN UND BAUTEILEN, AUF DIE WIR BEIM BAUEN NICHT VERZICHTEN KÖNNEN, WIE Z.B. BETON.

REUSE

BEIM THEMA WIEDERVERWENDEN IM BAUWESEN GEHT ES DARUM, IN DER VERGANGENHEIT VERBAUTE MATERIALIEN DIREKT WIEDER FÜR NEUE GEBÄUDE ZU NUTZEN(URBAN MINING). AUCH SOLLTEN MATERIALIEN AUS ÜBERSCHÜSSEN VON BAUSTELLEN EINGESETZT WERDEN, DIE ANDERNFALLS EINER ENTSORGUNG ZUGEFÜHRT WERDEN WÜRDEN.

RECYCLE

ABFALLPRODUKTE AUS ABBRÜCHEN WERDEN IN EINEM REZYKLIERUNGSPROZESS ZU SEKUNDÄRROHSTOFFEN VERARBEITET. FÜR DEN RECYCLINGPROZESS IST DIE ZUFUHR VON ENERGIE IMMER NOTWENDIG. DIE NEU PRODUZIERTEN STOFFE WERDEN ALS RECYCLAT BEZEICHNET.

ROT

DER NOCH RESTLICHE ABFALL SOLLTE KOMPOSTIERBAR SEIN WIE DIE BLÄTTER EINES BAUMES!

69

Der Zero Waste Space im Wissenschaftspark in Kiel realisiert ein mehrstufiges Konzept, das wie eine Pyramide aus aufeinander aufbauenden Bausteinen besteht:

1: Rethink: umdenken, nach neuen Lösungen suchen
2: Refuse: ablehnen, was wir nicht brauchen.
3: Reduce: reduzieren, was wir brauchen, aber nicht ablehnen können.
4: Reuse: wiederverwenden, was wir verbrauchen. aber nicht ablehnen oder reduzieren können.
5: Recycle: was wir nicht ablehnen, reduzieren oder wiederverwenden können.
6: Was dann noch übrig ist, wird kompostiert.

das Weißtannen-Holz keine chemischen Behandlungen, und die einzelnen Bauteile werden nicht miteinander verklebt, sondern mit althergebrachten Zimmermanns-Techniken ineinander gesteckt und verschränkt oder miteinander verschraubt.

Das neben dem Holz für die Fassade verwendete Kupfer erlebt bereits seinen zweiten Frühling. Die erste Runde absolvierte das edle Metall als Dach eines Hotels in Österreich, das inzwischen abgerissen wurde. Die Türklinken wiederum hatten ihr erstes Leben in der gleichen Funktion in einer belgischen Bank verbracht. Ausgediente Getränke-Kartons wurden zu einer Innenwand recycelt. Und als Dämmstoff wurden in einer anderen Wand zerschlissene Jeans wieder verwendet.

Licht erhalten die Räume durch gläserne Wände, die aus Altglas in einem aufwändigen Verfahren hergestellt wurden. Auf herkömmliche Spiegel müssen die Menschen in der Recycling-Wohnung allerdings verzichten. Denn diese enthalten eine Beschichtung, die sich nicht entfernen lässt und so eine Wiederverwendung verhindert. Stattdessen lässt sich das eigene Spiegelbild in einer auf Hochglanz polierten Metallfolie bewundern, die allerdings die Gesichtszüge ein wenig verzerrt.

Obendrein erhält der Begriff »nachwachsende Rohstoffe« in dem Gebäude eine ganz neue Bedeutung. Normalerweise denkt man dabei an Holz oder Pflanzenfasern, die zwar der Umwelt entnommen werden, die aber anschließend relativ rasch und ohne Probleme wieder aus dem Boden sprießen. Stattdessen lassen die Teams von EMPA und KIT die Baumaterialien selbst wachsen und geben ihnen nur die gewünschte Form vor. Schließlich handelt es sich dabei um Pilze, die Fäden bilden. Letztere integrieren in ihr Gewebe organische Abfallstoffe wie Sägespäne oder Reste von Agrarpflanzen, die für die Ernährung von Menschen und Tieren nicht verwendet werden können. Dieses selbstwachsende Baumaterial hält auch hohen Druck aus und lässt sich daher vielfältig nutzen und natürlich auch wieder verwenden. Und so leben die beiden Wohnungs-Tester nicht nur in einem Recycling-Zuhause, sondern auch in einem Lager, aus dem etliche Materialien später leicht wieder verwendet werden können.

Problemkind Lieferverkehr

Auf dem Weg zur Uni müssen die beiden Bewohner allerdings noch herkömmliche Verkehrsmittel nutzen. Genau das möchte Catherine Cleophas vom Institut für Betriebswirtschaftslehre der Universität Kiel aus gutem Grund ändern. Schließlich wird der Verkehr in der Enge vieler Städte zunehmend zum Problem, das wohl nur von cleveren Lösungen entschärft werden kann. Und das gilt keineswegs nur für den Transport von Personen, sondern auch für Fracht.

Solche Probleme sind alles andere als neu: Bereits das alte Rom und das Ägypten der Pharaonen schlugen sich mit dem Verkehr herum. Dort wurden die wichtigen Waren aus fernen Regionen auf dem Wasserweg in die Metropolen gebracht. In den Häfen wurde dann umgeladen, damit die jeweiligen Kunden beliefert werden konnten (Abb. 70).

An diesem Prinzip hat sich bis heute wenig verändert. Allerdings kommen sehr viele Güter inzwischen über die Straße oder auf der Schiene und manchmal auch aus der Luft, während sich die Bedeutung der Wasserwege verringert hat. Meist sind es daher nicht mehr Häfen, sondern zentrale Depots, in denen die großen Lieferungen landen. Dort werden sie verteilt und zu den einzelnen Empfängern weiter transportiert. Je größer eine Stadt ist und je mehr Waren geliefert werden, umso schwieriger wird diese Logistik: Mit welchen Mitteln und auf welchen Wegen lässt sich diese »letzte Meile« am besten überwinden? Und wie zuverlässig und pünktlich funktioniert die Zustellung dann? Die Antworten auf solche Fragen erfordern viel Tüftelei.

70
Verladung von Tieren im Hafen Karthagos

In den vergangenen Jahren hat sich die Situation beim Lieferverkehr zudem erheblich verschärft. Denn auf der einen Seite sind viele Städte weiter gewachsen, andererseits boomt der Versandhandel durch die vielen Online-Bestellungen. Das kommt auf den ersten Blick zwar den Kunden zugute, die sich den Weg zum konventionellen Einzelhandel sparen können und so mehr Zeit für andere Dinge haben. Allerdings hat diese Entwicklung auch ihre Schattenseiten, weil der Lieferverkehr rasant zugenommen hat, vielerorts zunehmend die Straßen verstopft und dabei auch noch den Lärmpegel und die Luftverschmutzung verschlimmert.

Noch weiter verschärfen sich die Probleme, weil die Ansprüche der Kunden steigen: Die Lieferungen sollen sehr schnell erfolgen und das möglichst zu einem Wunschtermin. Schließlich sind viele Besteller berufstätig und arbeiten keineswegs immer im Home Office. Noch dazu soll die Fracht möglichst wenig kosten – eine Quadratur des Kreises scheint einfacher.

Fracht und Logistik

Besonders wichtig ist in diesem Zusammenhang der Standort für ein Depot und Verteilzentrum. Es soll einerseits für die großen Lieferfahrzeuge der Langstrecke gut und rasch erreichbar sein, andererseits sollen die Wege zu den Adressaten möglichst kurz und schnell sein. Oft entstehen daher zum Beispiel an den großen Autobahnen nicht weit vom Stadtrand und neben einer Ausfahrt riesige Verteilzentren. Die dazu nötigen Flächen sind in solchen Lagen an der Peripherie noch bezahlbar, weil dort Wohngebäude wegen des Verkehrslärms ohnehin nicht allzu beliebt sind. Von dort werden dann Routen geplant, auf denen möglichst schnell möglichst viele Kunden erreicht werden. So spart man Fahrzeuge und Personal – und damit natürlich auch Kosten.

Wenn Kunden keine sicheren Ablagemöglichkeiten haben oder wenn sie eine Lieferung persönlich entgegennehmen wollen, weil frische Lebensmittel gleich nach Ankunft kühl gelagert werden oder wertvolle Frachten quittiert werden müssen, sollten Zeitfenster abgesprochen werden. Das aber macht eine Planung noch komplizierter. Gelöst werden können solche Probleme, wenn besonders begehrte Zeitfenster nur Kunden angeboten werden, deren Bestellung besonders lohnend ist oder die auf einer ohnehin bereits geplanten Fahrt nahe an der Strecke warten. Das hat Catherine Cleophas bereits 2014 vorgeschlagen. Dazu müssen Lieferdienst und Verkäufer allerdings eng kooperieren. Große Händler bauen daher inzwischen gerne einen eigenen Lieferdienst auf, um diese nahtlose Zusammenarbeit zu erleichtern.

Auch wenn die Kosten so im Rahmen gehalten werden und die Kunden überwiegend zufrieden sein sollten, sind solche Lieferketten oft nicht nachhaltig. Schließlich fahren viele Lieferfahrzeuge immer noch mit Verbrennungsmotoren, verschlimmern also Luftverschmutzung und Verkehrslärm. Auch ein Umstieg auf Elektro-Fahrzeuge löst nur einen Teil der Probleme, weil diese leisen Transporter ohne Auspuff und direkte Emissionen immer noch Platz brauchen, der in sehr vielen Städten Mangelware ist. Abhilfe könnten neue Techniken wie Drohnen und Roboter schaffen. Oder aber Lastenräder, die weniger Platz beanspruchen und keine direkten Emissionen verursachen.

Weitere Kooperationen können zusätzliche Verbesserungen bringen. Catherine Cleophas denkt da an einen Ansatz, der bereits umgesetzt wird. Dabei ist zum Beispiel ein Anbieter für den Transport bis zum Verteilzentrum zuständig. Dort übernimmt ein anderes Unternehmen einen Teil der Lieferungen zum Endkunden. Oder sogar alle. Die Anbieter können auch Zustellregionen untereinander so aufteilen, dass in jedem Gebiet nur ein einziger Lieferdienst unterwegs ist. Dadurch können sich die Unternehmen jeweils auf kleinere Gebiete konzentrieren, die dann effizienter und damit nachhaltiger bedient werden. Weil in diesen Vierteln statt drei oder vier Unternehmen nur eines unterwegs ist, brauchen die Fahrzeuge auch weniger Platz und fahren insgesamt kürzere Strecken, auf denen sie meist auch weniger Schadstoffe und Lärm produzieren.

Solche Kooperationen klappen aber nur, wenn sich die Wettbewerber gut abstimmen und sehr detaillierte Informationen austauschen. Oder wenn nur ein einziges Unternehmen den Transport übernimmt. Eine vergleichbare Situation gab es noch vor wenigen Jahrzehnten, als die Deutsche Bundespost für Privatkunden die einzige Liefermöglichkeit für Geschenkpäckchen oder Bestellungen beim Katalog-Versandhandel war. Ein solches Monopol dürfte allerdings schon allein aus wettbewerbspolitischen Gründen kaum zurückkehren.

Packstationen und Mischverkehr

Eine weitere Möglichkeit ist die Übernahme des »letzten Meters« durch die Kunden. Der Lieferdienst braucht dann für etliche

Lieferungen nur noch eine Fahrt zu einer Packstation, an der die jeweiligen Empfänger ihre Ware abholen. Das spart dem Transport-Unternehmen auf jeden Fall Kosten und verursacht weniger Emissionen. Nur bleibt die Frage offen, ob es nachhaltiger ist, wenn die sorgfältig geplanten Routen des Lieferdienstes durch viele Einzelfahrten der Kunden ersetzt werden. Schließlich dürften letztere zumindest schwere und unhandliche Sendungen doch wieder mit dem eigenen Fahrzeug holen. Und das muss nicht unbedingt ein Lastenfahrrad oder gar ein Handkarren sein.

Natürlich können auch vor jedem Haus solche Packstationen entstehen. Allerdings verringern sich dadurch wieder nur die Kosten für den Lieferanten, nicht aber die Umweltbelastungen. Schließlich muss ja genau wie bei Lieferungen an die Haustür noch immer jedes einzelne Haus angefahren werden. Obendrein beanspruchen solche Lieferstationen den ohnehin knappen Platz einer Stadt – und lassen sich zum Beispiel in engen Altstadt-Gassen kaum verwirklichen.

Ebenfalls bereits erprobt wird die Idee einer Lieferung in die Kofferräume geparkter Autos. Auch dabei müssen die Beteiligten jedoch einige Hindernisse überwinden. Das fängt schon mit der Frage an, wie der Lieferdienst das richtige Auto überhaupt findet. Schließlich dürfte es ja nicht immer auf dem gleichen Parkplatz stehen. Ist das Fahrzeug entdeckt, kann mit einem Code, der nur für diese eine Zustellung gilt, der Kofferraum geöffnet und die Sendung dort abgelegt werden. Zumindest, wenn das Vehikel dafür ausgerüstet ist. Und wenn der Kunde überhaupt ein Auto besitzt. Schließlich leben in großen Städten immer mehr Autolose Menschen, die sich auf den öffentlichen Verkehr verlassen.

Aber auch dann bieten sich Kooperationsmöglichkeiten, wenn zum Beispiel die bisher strikte Trennung zwischen Personenverkehr und Fracht- oder Lieferdiensten aufgehoben werden könnte. Das heißt natürlich nicht, dass sich Menschen in Zukunft den Bus, die Straßen- oder U-Bahn mit Lieferungen für den Einzelhandel teilen sollen. Zumindest nicht in Stoßzeiten, wenn Menschen auf ihrem Weg zur Arbeit oder in die Schule den öffentlichen Personenverkehr ohnehin an seine Grenzen bringen. Weshalb aber sollte außerhalb dieser Rushhour nicht ein Teil der halbleeren Fahrzeuge für den Transport von Fracht dienen? Ebenso wäre es möglich, auf eine Verlängerung des Taktes von U-Bahnen von zum Beispiel bisher fünf auf zehn Minuten zu verzichten. Stattdessen könnte jedes zweite Fahrzeug keine Menschen, sondern Fracht transportieren. Ebenso könnte der Güterverkehr auf die Zeit der bisherigen Betriebsruhe in der Nacht ausweichen. Oder er könnte eine Mischung dieser Möglichkeiten nutzen.

Für einen solchen Misch-Verkehr müssten allerdings noch einige Hürden überwunden werden. So könnten an ausgesuchten Stationen Bereiche eingerichtet werden, an denen die Fracht automatisch oder von Hand rasch ein- und ausgeladen werden kann. Für einen solchen gemischten Personen- und Güterverkehr müssten die jeweiligen Strecken und Abfahrtszeiten aber auch gut aufeinander abgestimmt werden, ohne dass die Passagiere zu große Nachteile gegenüber einem reinen Personenverkehr empfinden.

Eine solche Optimierung ist allerdings anspruchsvoll. Deshalb scheiterten dann auch solche Projekte in Wien und Amsterdam. Oft spielten dabei auch die Ansprüche der Firmen eine wichtige Rolle: Diese müssen einerseits Gewinne machen und wollen andererseits möglichst die Wünsche ihrer Kunden nach schneller, zuverlässiger Lieferung oft auch noch zu Wunschterminen erfüllen. Da kann leicht der konventionelle Lieferdienst mit eigenen Fahrzeugen auf der Straße die Nase vorn und der gemischte Verkehr das Nachsehen haben.

Zumindest war das bisher so. Nur beginnen sich die Zeiten zu ändern, und die Nachteile des stark wachsenden Lieferverkehrs werden immer deutlicher sichtbar. Darauf haben einige Kommunen bereits reagiert und erschweren die Zufahrt in die Innenstädte: Es werden Sperrzonen eingerichtet oder man darf nur noch mit einer Lizenz dorthin. Dadurch sollten sich die Chancen des gemischten Personen- und Güterverkehrs verbessern, vermutet Catherine Cleophas. Eine solche Entwicklung würde obendrein die Luftverschmutzung reduzieren und wäre auch gut für die Klimabilanz.

Diese Punkte sprechen auch für die Renaissance eines Verkehrsmittels, das aus unseren Städten vielerorts verschwunden oder dessen Einsatz zumindest deutlich reduziert worden war: Der Straßenbahn. Seit den 1950er Jahren wurden diese Schienenfahrzeuge zunehmend durch Busse ersetzt, die viel flexibler eingesetzt werden konnten. Nur werden die bis heute meist mit Verbrennungsmotoren angetrieben, die Luftschadstoffe und das Klimagas Kohlendioxid ausstoßen. In Kiel und anderen Städten sind daher der Bau neuer Straßenbahn-Systeme oder eine deutliche Ausweitung der vorhandenen Schienennetze in der Diskussion. Wobei für Städte an größeren Gewässern wie der Kieler Förde auch der Wasserverkehr eine wichtige Option sein kann.

Von Fußgängern zu Kraftfahrzeugen und Bahnen

Auch Frank Meisel beschäftigt sich im Institut für Betriebswirtschaftslehre der Kieler Universität mit der Entwicklung des Verkehrs in unseren Städten. Der Forscher sieht dabei enge Zusammenhänge zwischen den jeweiligen Verkehrsmitteln und dem rasanten Wachstum vieler Städte in den vergangenen Jahrzehnten. So waren bis zum Ende des 19. Jahrhunderts die eigenen Füße meist die einzigen Transportgelegenheiten für sehr viele Menschen. Reiten, Fahrten mit Fuhrwerken oder auch Ruder- und Segelboote standen nur wenigen und meist wohlhabenderen Personen zur Verfügung. Die Menschen waren damals also vergleichsweise langsam unterwegs und versuchten daher, ihre täglichen Wege kurz zu halten. Letztendlich blieben so auch die Städte relativ klein und überschaubar, wie ein Blick auf die

Altstädte rasch zeigt. Sehr viele Menschen arbeiteten daher dort, wo sie auch lebten. Oder zumindest in der unmittelbaren Nähe.

Erst als gegen Ende des 19. Jahrhunderts Autos, Busse und Straßenbahnen aufkamen, konnten auch weitere Wege zurückgelegt werden. In dieser Zeit entstanden auch größere Industrie-Standorte, an denen viele Menschen arbeiteten. Am Abend aber waren diese oft lange unterwegs, um das recht weit entfernte Zuhause zu erreichen. Dadurch wurden Verkehrsmittel nötig, die relativ große Menschenmengen am Morgen rasch von ihren Wohnorten zu ihren Arbeitsplätzen transportieren und am Abend wieder zurückbringen konnten. Der Verkehr brauchte mehr Platz und neue Ideen. Erste Straßenbahn- und in den Metropolen bald auch U-Bahnnetze entstanden. War Platz vorhanden, wurden die Wege in den Städten breiter und bald auch mit Asphalt befestigt. So konnte der Verkehr besser rollen, während man sich in trockenen Zeiten die lästigen Staubwolken und in feuchteren Wochen die Wasserlöcher ersparte.

Als dann am Ende des Zweiten Weltkriegs viele deutsche Städte zerstört waren, nutzten etliche Kommunen die Situation für einen kräftigen Umbau zu einer »autofreundlichen Stadt«: Die Menschen sollten ihre Ziele schnell und direkt mit ihrem eigenen Fahrzeug erreichen. Das in den 1950er Jahren beginnende »Wirtschaftswunder« befeuerte diese Entwicklung weiter, weil die Zahl der Menschen wuchs, die sich ein eigenes Kraftfahrzeug auch leisten konnten. Das Auto wurde zum Symbol des eigenen Erfolgs und Wohlstands – und der Individualverkehr auf vier Rädern wuchs rasant.

Gleichzeitig wurde aber auch der öffentliche Verkehr kräftig ausgebaut. Busse, Straßen- und U-Bahnen transportierten vor allem am Morgen und Abend große Menschenmassen zwischen ihrem Zuhause und dem Arbeitsplatz hin und her. In Metropolen wie Hamburg kamen noch S-Bahnen und in Städten am Wasser wie Kiel auch Fähren dazu.

Nur blieben diese Angebote für viele Menschen lange die zweite Wahl, die einige Nachteile hatte: Oft genug kam man nicht direkt zu seinem Ziel, sondern musste umsteigen. Und das manchmal sogar mehrmals, die Fahrzeiten waren daher deutlich länger. Obendrein musste man seine Vorhaben nach den Fahrplänen ausrichten und drängte sich dann auch noch zumindest in den Stoßzeiten mit wildfremden Leuten auf engstem Raum. Wer die Gelegenheit dazu hatte, fuhr da doch lieber mit dem Auto.

Der öffentliche Verkehr aber entwickelte sich zu einem Treffpunkt von Menschen, die aus verschiedenen Gründen kein eigenes Fahrzeug nutzen konnten. Die Palette reichte von Schulkindern, die noch keinen Führerschein hatten, bis zu den ärmeren Schichten, die sich schlicht kein Auto leisten konnten. Für die Fahrkarte reichte es da noch eher, weil die Städte den öffentlichen Verkehr kräftig unterstützten.

Auf der anderen Seite aber drohte der individuelle Verkehr am eigenen Erfolg zu ersticken. Während immer mehr Menschen mit dem PKW fuhren, stieß die autofreundliche Stadt zunehmend an ihre Grenzen. Vielerorts gab es schlicht keinen Platz mehr für immer breitere Straßen, für Stadt-Autobahnen und bald auch für Parkplätze, auf denen die Autos die allermeiste Zeit des Tages standen. Nicht nur in der Rushhour verwandelten sich oft genug die Fahr- in Staubahnen, und am Abend kurvten viele Leute längere Zeit auf der Suche nach einem Parkplatz durch ihr Viertel. Dadurch verlängerten sich die Fahrzeiten enorm, die schnellen Flitzer verwandelten sich in lahme Enten. Der Autoverkehr büßte seine Attraktivität sehr langsam, aber sicher ein.

Trotzdem behandelten viele Stadtverwaltungen den öffentlichen Nahverkehr weiterhin stiefmütterlich, bauten ihn mancherorts sogar ab. In Kiel verschwanden 1985 die Straßenbahnen aus dem Stadtbild, nur um wenige Jahrzehnte später schmerzlich vermisst zu werden. In den letzten Jahren aber wird die Fokussierung auf das Auto zunehmend kritisch gesehen. Nicht zuletzt, weil sie enorm viel des in Städten ohnehin chronisch knappen Platzes mit riesigen Fahrbahnen und ebensolchen Flächen für das Abstellen der Fahrzeuge verschlingt. Dabei könnten die Städte Stellplätze und Fahrspuren gut für viele andere Zwecke von Radwegen bis zu Fußgänger-Bereichen nutzen. Und dann kosten die Fahrbahnen und Parkplätze auch noch reichlich Geld, das ebenfalls ein knappes Gut ist.

Die Zukunft des Verkehrs

Um die Situation besser in den Griff zu bekommen, haben viele Städte Umweltzonen eingerichtet, die Verkehr und Luftverschmutzung zumindest ein wenig eindämmen sollen. Nur fordert ein großer Teil der Bevölkerung deutlich mehr: Sollte man Autos in den Innenstädten nicht gleich ganz verbieten? Darüber steht die große Frage: Wie mache ich aus einer autofreundlichen Stadt eine lebenswerte Metropole?

Ein Teil der Lösung könnten elektrische Antriebe sein. Verschwinden die Verbrennungsmotoren aus den Bussen, gelangen auch weniger Schadstoffe in die Luft, und der Lärm geht ebenfalls zurück. Nicht nur in Kiel soll der öffentliche Personen-Nahverkehr von der Renaissance der Straßenbahn profitieren, die ja mit elektrischem Strom aus der Oberleitung angetrieben wird.

Zunehmend werden Fahrzeuge auch gemeinsam genutzt, um so die Kosten und letztendlich auch die negativen Auswirkungen auf die Umwelt zu reduzieren, erklärt Frank Meisel weiter. Nutzen zwei oder drei Familien ein Auto, brauchen sie dafür natürlich weniger Platz als für mehrere Fahrzeuge und senken gleichzeitig ihre Kosten enorm. Damit schlagen solche Sharing-Modelle eine Brücke vom individuellen zum gemeinsamen Personenverkehr. Das gilt auch für Geschäftsformen, bei denen Privatleute mit ihren eigenen Autos Fahrten anbieten. Dadurch verbessert sich zwar die Umweltbilanz zunächst einmal wohl kaum. Doch das

Verkehrsangebot steigt nicht nur, sondern wird auch bequemer und oft preiswerter.

Die Stadtplanung muss ihre Konzepte an solche neuen Entwicklungen anpassen und rechtzeitig die Infrastruktur für solche Modelle bereitstellen. Dazu können auch Mobilitäts-Hubs gehören, die verschiedene Verkehrssysteme miteinander verbinden. Neu sind solche Verknüpfungspunkte allerdings nicht. So gibt es an Flughäfen nicht nur Taxi-Stände und Parkplatz-Areale für private Autos, sondern oft genug auch Bahnhöfe für den Nah- und Fernverkehr, sowie Stationen für S-, U- oder Straßenbahnen. Bahnhöfe sind häufig auch Knotenpunkte für Bus-Linien, Straßen- und U-Bahnen und bieten an der Peripherie der Metropolen längst auch viele Parkplätze für Autos und Stellplätze für Fahrräder. Die Verkehrssysteme rücken also schon längst enger zusammen.

Dazu kommen noch autonome Fahrzeuge, die auf ihre Fahrer verzichten. In den USA gibt es längst Feldversuche mit solchen autonomen Systemen, in denen zum Beispiel Taxis ohne Menschen hinter dem Steuer fahren. Dadurch könnten wiederum Emissionen und Ressourcen geschont werden, weil der Verzicht auf Fahrer Taxifahrten preiswerter und flexibler machen sollte. Dadurch werden solche Fahrten attraktiver. Tendenziell könnten dann mehr Menschen auf das eigene Auto verzichten und so die Umwelt entlasten.

Allerdings könnte die Attraktivität solcher Systeme dieser Öko-Kalkulation einen Strich durch die Rechnung machen, warnt Frank Meisel: Steigt dadurch die Zahl der insgesamt durchgeführten Fahrten, fällt natürlich auch die Entlastung der Umwelt geringer aus. Außerdem verschlechtert sich die Bilanz auch durch sogenannte »Leerfahrten«, bei denen das Fahrzeug ohne Passagiere zu seinen nächsten Kunden unterwegs ist. Zusätzlich verdichten diese Touren den Verkehr weiter und verbrauchen zusätzliche Energie. Nicht nur bei autonomen Taxis sollte nach

71 So könnte eine autonome Fähre über die Kieler Förde aussehen

Ansicht von Frank Meisel also in einem ganzheitlichen Ansatz der gesamte Lebenszyklus der beteiligten Systeme unter die Lupe genommen werden, um die Auswirkungen auf die Umwelt objektiv messen zu können.

Autonome Fähren

Das gilt natürlich auch für die von Industrie- und Hochschulpartnern aus der Kieler Region getragene Initiative CAPTN (»Clean Autonomous Public Transport Network« oder »Sauberes autonomes öffentliches Transport-Netzwerk«), die nicht nur autonome Fähren, sondern auch die zugehörigen, ineinander verzahnten Mobilitätsketten entwickelt. Dabei sollen die verschiedenen Verkehrsträger an Land von Bussen und der wieder aufgebauten Straßenbahn bis zu Fahrrädern und Fußgängern nahtlos mit Wasserfahrzeugen verknüpft werden, die auf der Kieler Innenförde verkehren.

Diese Fähren sollen ohne Kapitän autonom fahren und auch keinem festen Fahrplan folgen (Abb. 71). Stattdessen sollen diese

72
Versuchsschiff Wavelab

kleinen Vehikel zu jeder Tag- und Nachtzeit über eine App auf dem Smartphone bestellt werden können. Getestet wird dieses Konzept in einem Versuchsgebiet auf der Kieler Förde. Dort soll ein 21 Meter langer und acht Meter breiter Katamaran als Plattform für autonome Technologien erprobt werden (Abb. 72). Dieser soll mit optischen Sensoren und mit Ansätzen von künstlicher Intelligenz die Umgebung beobachten. In den Anfangsphasen wird dieses Versuchsschiff ähnlich wie in einer Fahrschule für Autos noch von Menschen überwacht. An Land entsteht ein Kontrollzentrum, das die Fähre fernsteuern kann.

Auf dem Schiff wiederum können verschiedene Technologien erprobt und weiter entwickelt werden. Dabei steht die Sicherheit im Zentrum der Forschung. Nicht nur soll die Fähre problemlos ihren Kurs finden, ohne dabei andere Schiffe, Einrichtungen wie Bojen oder Leuchttürme und natürlich auch schwimmende oder in einfachen Wasserfahrzeugen paddelnde Menschen zu gefährden. Sie soll auch sicher vor Hackerangriffen sein, betont Dirk Nowotka von der Technischen Fakultät der Kieler Universität. Am Ende soll dann eine zum Beispiel elektrisch oder von

Brennstoffzellen angetriebene Fähre autonom zwischen den Ufern der Kieler Förde pendeln, die an Landestellen problemlos von den Menschen betreten und verlassen werden kann.

Gesundheit:

Wie eine Wohlfühlstadt aussehen kann

Um eine Stadt fit für die Herausforderungen der kommenden Jahrzehnte zu machen, sollten neben Nachhaltigkeit zwei weitere Aspekte im Zentrum der Überlegungen stehen: Gesundheit und Wohlbefinden. Beides hängt unter anderem stark vom Klima ab. Bilden sich bei Hitzewellen in dicht bebauten Vierteln Wärmeinseln, leidet die Gesundheit. Besonders gefährlich wird es in der Nacht: Die Hitze, die sich tagsüber in Bodennähe sammelt, steigt dann auf und verhindert die auf dem Land übliche Abkühlung. Stattdessen gibt es in den Innenstädten tropische Nächte, in denen die Temperaturen auch in den Morgenstunden nicht unter 20 Grad Celsius sinken.

Bei dieser Wärme können viele Menschen nicht gut schlafen, ihnen fehlen also wichtige Erholungsphasen. Je häufiger diese Nächte auftreten, umso weniger regeneriert sich der menschliche Körper. Im schlimmsten Fall kann es zu Herz-Kreislauferkrankungen oder Nierenversagen kommen. Maßnahmen und Konzepte wie Gründächer, Wasser speichernde Schwammstädte oder intelligente Gebäudefassaden senken dagegen die Temperaturen in den nächtlichen Wärmeinseln und helfen so den Städten, weiterhin lebenswert zu bleiben.

Die Anpassung an den Klimawandel fördert also auch die Gesundheit der Menschen in den Gebäuden. Deren Wohlbefinden aber wird auch noch von einigen weiteren Faktoren beeinflusst, die wiederum von einer guten Stadtplanung abhängen. So verbessern Parks und andere Grünanlagen nicht nur das Mikroklima, senken bei sommerlichen Hitzewellen die Temperaturen und verringern die Risiken für die Gesundheit, sondern steigern auch das Wohlbefinden. Das haben bereits einige Studien gezeigt. Fehlen dagegen Grünflächen und leben die Menschen in dichtbesiedelten Gebieten mit engen Häuserschluchten, leiden sie häufiger als die Bewohner von locker bebauten Quartieren in abwechslungsreichen Vierteln an psychischen Erkrankungen wie Schizophrenie. Welche Grünflächen das Wohlbefinden der Menschen besonders gut fördern, hat eine Gruppe um Katrin Rehdanz vom CAU-Institut für Volkswirtschaftslehre und dem Institut für Umwelt-, Ressourcen- und Regionalökonomik untersucht.

Eine seit 1984 regelmäßig durchgeführte Befragung von zuletzt rund 40.000 Menschen in 19.000 Haushalten lieferte dem Team Informationen darüber, wie zufrieden die Befragten mit ihrem Leben sind. Die Antworten verglich die Gruppe mit den Grünflächen, die es in der Umgebung der jeweiligen Haushalte gab. Demnach verbessern wenige, aber relativ große grüne Bereiche wie zum Beispiel öffentliche Parks das Wohlbefinden der Menschen in der Umgebung stärker als viele kleinere Grünflächen. Besonders positiv ist der Einfluss solcher Anlagen, wenn sie übersichtlich, also zum Beispiel quadratisch oder rund sind. Verwinkelte Gärten fördern das Wohlbefinden dagegen weniger. Die Stadtplanung kann daher durchaus eine relativ dichte Bebauung vorsehen, solange diese regelmäßig von größeren Grünflächen aufgelockert wird, in denen die Menschen ihre Seelen baumeln lassen können.

Weg mit den Barrieren!

Auf ein solches Wohlbefinden haben natürlich alle Menschen ein Anrecht. Auch diejenigen also, deren Leben durch eine Behinderung geprägt ist. Sie aber stoßen häufig auf Hindernisse, die sie nur mit Mühe und manchmal gar nicht überwinden können. Solche Barrieren entstehen häufig ungewollt. Einerseits freuen sich viele Menschen über Blumenkübel und Straßencafés auf dem Gehweg, andererseits verwandeln diese den Weg für Blinde in einen Hindernis-Parcours. Wer nicht sehen kann, profitiert umgekehrt sehr von Tonsignalen an Ampeln, die allerdings auch die Ruhe von etlichen Anwohnern stören.

Solche Konflikte zwischen den Interessen von Menschen mit und ohne Behinderung gibt es viele. Da soll dann zum Beispiel ein schmaler Gehweg verbreitert werden, damit Rollstühle genug Platz haben. Und schon beschweren sich Laternenparker, weil das auf Kosten von Parkplatz-Flächen geht. Manchmal stellt sich auch die Stadtplanung quer, weil Rampen für das hindernisfreie Erreichen von Behörden, Ärzten, Cafés und anderen Einrichtungen ihre ästhetischen Ansprüche konterkarieren. Sollen Busse und Bahnen barrierefrei werden oder öffentliche Gebäude auch im Rollstuhl zugänglich sein, stellen aber auch die Kosten so manche klamme Stadt-Kasse vor massive Probleme. Das alles zeigt sehr deutlich, wo die Schwierigkeiten liegen: Im Grunde hat zwar niemand etwas gegen Barrierefreiheit. Doch in der Praxis ist sie nicht immer leicht umzusetzen.

Dabei hat sich in mancher Hinsicht schon einiges verbessert. Ein Team um Gabriele Lingelbach vom Historischen Seminar der Universität zu Kiel, sowie Ulrike Winkler und Elsbeth Bösl von der Universität der Bundeswehr München hat solche Barrieren für Behinderte am Beispiel der Geschichte der DDR unter die Lupe genommen. Dort wurde in den Jahren nach dem Zweiten Weltkrieg in der Politik und in den Medien kaum über die Probleme

73
Versehrte des Zweiten Weltkrieges (Beinamputierte)

von Kriegsversehrten gesprochen, entsprechend schwierig war deren Situation (Abb. 73). Dazu kam ein erheblicher Mangel bei üblichen Hilfsmitteln wie Rollstühlen und Behinderten-gerechten Fahrzeugen, der bis weit in die 1960er Jahre hinein das Leben der Betroffenen zusätzlich erschwerte. Auch fehlten in vielen Gebäuden Fahrstühle und Rampen.

Seit den späten 1960er und frühen 1970er Jahren aber verbesserte sich die Situation zumindest in einigen Bereichen. In dieser Zeit reagierte die DDR auf eine Initiative des westdeutschen Bundeskanzlers Willy Brandt, der behinderte Menschen besser am gesellschaftlichen Leben teilhaben lassen wollte. Damals wollte sich auch Erich Honecker, der 1971 in der DDR an die Macht gekommen war, die Loyalität der Menschen mit einer intensiveren Sozialpolitik sichern. So wurden die Gebietskörperschaften in den späten 1970er Jahren verpflichtet, den öffentlichen Raum behindertengerechter zu gestalten und Barrieren in den Städten abzubauen. Allerdings wurden solche Maßnahmen nur verzögert und eingeschränkt umgesetzt.

Obendrein richtete sich der Blick zunächst nur auf bestimmte Gruppen von Behinderten wie zum Beispiel Menschen, die auf einen Rollstuhl angewiesen sind (Abb. 74). An die Bedürfnisse von Blinden dagegen wurde weniger gedacht. So wurden in der

74
DDR, Programm zur Hilfe behinderter Menschen

Fußgängerzone in Halle in den 1970er Jahren die Bordsteine abgesenkt, um Menschen in Rollstühlen das Leben zu erleichtern. Für Blinde, die sich mit Hilfe langer Stöcke zurechtfinden, verschwand dadurch aber eine wichtige Orientierungshilfe.

Die Ansprüche gehörloser Menschen, die akustische Signale wie zum Beispiel Autohupen oder Ansagen an Bahnhöfen nicht wahrnehmen, gerieten noch viel später in den Blick von Politik und Verwaltung. Und Barrieren für Menschen mit psychischen oder geistigen Behinderungen waren bis zum Ende der DDR kaum einmal Thema.

Diese noch vorläufigen Ergebnisse zeigen deutlich, dass die Geschichte der Barrieren für Behinderte auch in anderen Ländern genauer untersucht werden sollte. Schließlich kann die Planung daraus wichtige Erkenntnisse ziehen, wie die Städte diesen Menschen das Leben erleichtern können.

75
Um eine Stadt für ältere und kognitiv beeinträchtigte Menschen besser lesbar zu machen, bedarf es an Unverwechselbarkeit, Zugänglichkeit und einer klaren Wegführung. Eine Fülle von Schildern kann zu Verwirrung führen und Desorientiertheit verstärken

Gegen das Vergessen

Dabei geht es keineswegs nur um Menschen mit körperlichen Einschränkungen, sondern zum Beispiel auch um Demenz-Kranke. Schreitet dieses Leiden fort, nimmt die Fähigkeit ab, sich im »Großstadt-Dschungel« zu orientieren (Abb. 75). Die Folgen sind gravierend: Verlieren Menschen ihre Orientierungsfähigkeit, schränkt das ihre Bewegungsfreiheit ein, sie werden passiver und ziehen sich oft zunehmend aus dem sozialen Leben zurück, erklärt Annika Hanert vom CAU-Institut für Psychologie.

Für die Stadtplanung aber tickt damit eine Zeitbombe. Denn der Anteil der Älteren an der Gesamtbevölkerung nimmt immer weiter zu. Und mit dem Alter steigt auch die Zahl der Menschen, die dement werden. So wird sich die Zahl der über 85-Jährigen in Europa von 2018 bis 2050 verdoppeln, schätzt die Dachorganisation Alzheimer Europe, die 41 europäische Gesellschaften vertritt, die sich mit der Alzheimer-Krankheit und den davon Betroffenen beschäftigen. Ähnlich stark dürfte auch der Anteil der Demenz-Kranken zunehmen, von denen die meisten an

76 Für ein selbstständiges Leben älterer Menschen im urbanen Raum ist eine gute Orientierungsfähigkeit unerlässlich, die durch Designprinzipien unterstützt werden kann

Alzheimer leiden. Dabei zählte der Kontinent bereits 2018 rund 1,73 Prozent Demenzkranke, in Deutschland waren es sogar 1,9 Prozent der Bevölkerung. Die Zahl der Menschen mit oft erheblichen Schwierigkeiten, sich im Gewirr der Großstadt zurechtzufinden, steigt also sehr kräftig (Abb. 76).

Die Stadtplanung hat jedoch eine Reihe von Möglichkeiten, den Betroffenen zu helfen. Der Schlüssel dazu findet sich in der Forschung über das Orientierungsvermögen und die Vorgänge, die sich dabei im Gehirn von Menschen abspielen. Unabhängig davon, ob jemand am Morgen zielsicher die eigene Küche ansteuert, sich meist weniger sicher in einer unbekannten Stadt orientiert oder gar zum ersten Mal in ein fernes Land reist: Immer stehen dabei ähnliche Prozesse im Gehirn im Mittelpunkt, die uns mit einer Reihe von Möglichkeiten beim Orientieren unterstützen.

Bereits in den 1970er Jahren lieferten Studien an Nagetieren dazu wichtige Informationen. Die Erinnerung an Ereignisse und Orte wird offensichtlich in einer Region des Gehirns gespeichert, die in der Neurowissenschaft als »Schläfenlappen« bezeichnet wird. Dort legen Tiere und offensichtlich auch Menschen in den Nervenzellen eine Art Landkarte an, in der sie früher besuchte Orte und besondere Ereignisse festhalten. Das kann bei einem Eichhörnchen zum Beispiel die Stelle sein, an der es als Wintervorrat einige Nüsse vergraben hat. Kommt das Individuum an diese Stelle zurück, wird die Landkarte im Kopf wieder aktiviert und erleichtert das Auffinden des Nahrungsvorrats für Eichhörnchen oder des Wohnorts guter Bekannter bei Menschen.

Allerdings schrumpft im Alter der Schläfenlappen, das Gedächtnis wird schlechter, und das Orientierungsvermögen leidet. Genau diese Region des Gehirns wird auch von der Alzheimer-Krankheit besonders stark in Mitleidenschaft gezogen, erklärt CAU-Forscherin Annika Hanert. Das scheint auch der Grund zu sein, weshalb das Gedächtnis und vor allem das Orientierungsvermögen bei dieser Krankheit besonders stark leidet.

Gesunde Menschen und Tiere steuern ihre Ziele dagegen oft sehr genau an und finden leicht den kürzesten Weg dorthin. Dabei hilft ihnen das weitgehend unbewusste Registrieren der eigenen Bewegungen: Nach soundso vielen Schritten in eine bestimmte Richtung sollte man sehr nahe am Ziel sein.

Ebenso wichtig wie diese innere Orientierung aber scheinen Landmarken zu sein, die Tieren und Menschen sehr häufig den Weg zum Ziel weisen. Daher sind Stellen, die ein paar Meter neben dem Eiffelturm oder dem Brandenburger Tor liegen, besonders einfach zu finden. Sehr abstrakte Informationen wie »gehe doch zur Hausnummer 32d der Krummen Gasse in der Innenstadt« machen die Sache dagegen schwierig.

Die hilfreichen Landmarken können möglichst einzigartige und am besten weithin sichtbare Gebäude sein, die sich nicht nur die allermeisten Menschen, sondern auch viele Tiere wie zum Beispiel Zugvögel besonders gut einprägen können. Ein Beispiel ist der berühmte Fachwerk-Turm aus Eisen, den Gustave Eiffel 1887 bis 1889 in Paris erbauen ließ. Das 330 Meter hohe

77
Beispiel einer Landmarke im urbanen Raum

Wahrzeichen ist noch heute das höchste Gebäude der französischen Hauptstadt, das obendrein mit seiner einzigartigen Form und einem im Städtebau an sichtbaren Stellen nur selten verwendeten Baumaterial besonders gut im Gedächtnis haften bleibt. Und genau das hilft demenzkranken Menschen, deren Gedächtnis zunehmend schwächer wird.

Das gilt gleichermaßen für auffällige Denkmale oder für markante Gebäude wie das Brandenburger Tor in Berlin. Das zählt mit einer Höhe von gerade einmal 26 Metern bis zur Spitze der Quadriga bestimmt nicht zu den höchsten Gebäuden der deutschen Hauptstadt, aber sicher zu den bekanntesten und vor allem zu den einprägsamsten. Und darauf kommt es eben an. Das wiederum ist die wichtige Information für eine Stadtplanung, die demente, meist ältere Menschen bei ihrer Orientierung unterstützen und so deren Rückzug aus dem Sozialleben zumindest verlangsamen möchte.

Allerdings geht es dabei keineswegs darum, nun überall Eiffeltürme oder Brandenburger Tore bauen. Ganz im Gegenteil: Das wäre sogar kontraproduktiv, weil so die Einzigartigkeit verloren ginge, an der sich Menschen und Tiere besonders gut orientieren. Entscheidend ist vielmehr, dass sich ein Gebäude oder auch eine Geländeform prägnant von der Umgebung abhebt. Daher funktioniert inmitten eines grauen und weißen Häusermeeres auch eine lila oder rosa Fassade sehr gut als Landmarke (Abb. 77).

Auf solche auffälligen Merkmale kann natürlich auch die Planung setzen, um Menschen mit einer Orientierungsschwäche den Weg zu ihren Zielen zu zeigen. In Seniorenresidenzen wurden solche Landmarken bereits genutzt. So lassen sich die Stockwerke und Flure in verschiedenen Farben gestalten, und auch Menschen mit Gedächtnisschwächen finden einen Treffpunkt viel leichter, wenn sie sich merken, dass ihr Ziel im roten Flur oder im blauen Stockwerk ist.

Ein solches Weg von der Gleichförmigkeit und Hin zu individuellen Gestaltungen hilft auch der Stadtplanung. Auffällige Farben und leicht erkennbare, einzigartige Gebäude wie Kirchen, Rathäuser oder Bahnhöfe, aber auch einprägsame Straßen oder Plätze helfen allen Menschen bei der Navigation. Besonders aber profitieren diejenigen mit Gedächtnis- und Orientierungsschwächen, erklärt Annika Hanert. So können diese viel länger und besser am sozialen Leben teilnehmen und behalten deutlich länger ihre Selbstständigkeit.

Schnelle Rettung

Während eine Demenz-Erkrankung normalerweise relativ langsam, aber mit furchtbaren Veränderungen für die Betroffenen und ihr Umfeld fortschreitet, schlagen andere »Volkskrankheiten«

ganz plötzlich und ebenfalls extrem gefährlich zu. 110.000 Menschen erleiden in Deutschland jedes Jahr außerhalb einer Klinik einen Herz-Kreislauf-Stillstand, in den meisten dieser Fälle hat das Herz der Betroffenen zu schlagen aufgehört. Zwar werden nach den Daten des Deutschen Reanimationsregisters mit rund 60.000 etwas mehr als die Hälfte dieser Menschen von einem Rettungsdienst wiederbelebt. Die allermeisten davon aber sterben kurz danach, nur 10,5 Prozent überleben.

Der Grund für diese schlechte Bilanz: Sehr häufig kommt die Wiederbelebung zu spät. Werden die Betroffenen doch bereits zehn bis fünfzehn Sekunden nach Beginn eines Kreislaufstillstands bewusstlos, nach gerade einmal 30 bis 60 Sekunden setzt die Atmung aus. Der Organismus wird nicht mehr mit dem lebensnotwendigen Sauerstoff versorgt, gleichzeitig reichert sich das potentiell gefährliche Kohlendioxid an. Rasch fallen dann lebenswichtige Funktionen aus. Nur eine sehr schnelle Wiederbelebung des Kreislaufs kann den Tod verhindern – es kommt buchstäblich auf jede Sekunde an. Sehr häufig wäre der Rettungsdienst zu spät gekommen, hätten nicht Menschen, die zufällig in der Nähe waren, bereits mit Wiederbelebungsmaßnahmen begonnen gehabt.

Wie sich die Überlebensrate bei einem Kreislaufstillstand erheblich verbessern lässt, zeigt ein zehn Schritte umfassendes Programm, das im Jahr 2008 in der vier Millionen Menschen zählenden Metropolregion Seattle im Nordwesten der USA gestartet ist. Dort überleben inzwischen mehr als die Hälfte der Menschen, deren Kreislauf durch Herzkammerflimmern zum Stillstand gekommen war. Diesen Erfolg gegen den schnellen Herztod möchte die im Jahr 2020 in Kiel gegründete Resuscitation Academy Deutschland (Wiederbelebungsakademie Deutschland, kurz RAD) auch nach Mitteleuropa übertragen, berichtet Claudia Bönsch, die im Sommer 2022 vom Universitätsklinikum Schleswig-Holstein in Kiel kommend die Leitung der

78
Gut erreichbare »Automated external defibrillator«-Geräte (AED) können bei einem Herzstillstand Leben retten

Rettungsdienstschule der Johanniter-Unfallhilfe in Rostock übernommen hat.

Ein wichtiger Punkt dieser zehn Maßnahmen ist der Einsatz einer Smartphone-App. Diese alarmiert Menschen, die Ersthilfe leisten können und die sich in der Nähe befinden. Sie halten die Person mit Kreislaufstillstand dann mit einer Herzdruckmassage am Leben, bei der das Brustbein von Erwachsenen in rascher Folge regelmäßig etwa fünf Zentimeter in den Körper gedrückt wird. Wenn möglich, sollte eine Mund-zu-Mund-Beatmung diese Wiederbelebungsmaßnahme ergänzen. Entscheidend aber ist die Herzdruckmassage, die erst beendet werden soll, wenn der professionelle Rettungsdienst übernimmt.

Noch besser sind die Chancen, wenn die App auch auf einen »automatisierten externen Defibrillator« oder kurz »AED« hinweisen kann, der sich in der Nähe befindet und von Laien bedient werden kann (Abb. 78). Diese Geräte versuchen, das still stehende Herz mit Stromstößen wieder zum Schlagen anzuregen. Viele dieser AED enthalten zudem ein Metronom, das den Takt für die Herzdruckmassage vorgibt. Neuere Geräte geben der Ersthilfe sogar Sprachinformationen, mit denen sie zum schnelleren oder festeren Drücken auffordern oder auch eine gute Ersthilfe loben.

Viele Städte deponieren solche AED inzwischen an gut frequentierten Gebäuden wie Flughäfen, Bahnhöfen, Fußballstadien und anderen öffentlichen Einrichtungen. Eine gute Planung für solche AED-Standorte kann daher sehr viele Leben retten.

Eine solche Ersthilfe hängt natürlich stark von der Zahl der Personen ab, die sie leisten können. In weiteren Schritten werden daher kommunale Ordnungsdienste und die Polizei mit AED ausgerüstet. Zusätzlich sollten die Beschäftigten dort regelmäßig Erste Hilfe üben. Um diese Maßnahmen weiter in die Breite zu tragen, wird die Herzdruckmassage inzwischen auch an weiterführenden Schulen gelehrt.

Eine sehr effektive Maßnahme ist auch die Analyse bisheriger Einsätze, aus denen eine künstliche Intelligenz zukünftige Fälle prognostizieren kann. Diese Methode zeigte in Singapur, dass ein großer Teil der Herz-Kreislauf-Stillstände nicht im öffentlichen Bereich, sondern in privaten Haushalten passiert. Daher wurden 400 AED in der Nähe der Aufzüge von Wohnhochhäusern deponiert und zeigen seither, wie eine gute und gezielte Stadtplanung viele Menschenleben retten kann.

Neues aus dem Mikrokosmos

Eine gute Planung im Gesundheitsbereich aber geht noch viel weiter, als »nur« Notfall-Patienten schnell zu retten und dementen Menschen Orientierungshilfen zu geben. Sie versucht auch, angenehme Lebensräume zu schaffen. Und dabei ist in der jüngsten Vergangenheit zunehmend das Heer von Winzlingen in den Blick geraten, das zwar unsichtbar, aber letztlich auch unübersehbar überall in uns und auf uns herumwimmelt und besonders im Darm eine wichtige Rolle spielt.

Dieser Mikrokosmos besteht aus Bakterien, Pilzen und vielen weiteren Lebewesen, von denen die allermeisten zu klein sind, um sie mit dem bloßen Auge zu erkennen. Von diesem Leben en miniature gibt es jede Menge: So besteht ein 170 Zentimeter großer und 70 Kilogramm schwerer »Standard-Mann« im Alter von 20 bis 30 Jahren aus der unvorstellbaren Menge von rund 30 Billionen oder anders formuliert 30.000 Milliarden Körperzellen. Die gesamte Zahl der Mikroorganismen, die auf diesem Mann leben, ist zumindest genauso groß. Und beide, der Mikrokosmos auf der einen und der Mensch auf der anderen Seite, bilden eine Gemeinschaft, deren Komponenten normalerweise optimal aufeinander abgestimmt sind.

So leben die meisten Mikroorganismen im Darm und verspeisen dort unsere Nahrung. Allerdings ist dieses sogenannte Mikrobiom alles andere als ein kostspieliger oder zumindest nutzloser Mitesser, sondern extrem wichtig für die Aufnahme von Nährstoffen. Werden doch viele für den Körper selbst unverwertbare Bestandteile unseres Darminhaltes erst von Mikroorganismen in Verbindungen umgewandelt, mit denen unser Organismus etwas anfangen kann. Das Mikrobiom im Darm ist also nichts anderes als ein essentieller Teil unseres Verdauungssystems.

Zudem wachsen diese nützlichen Winzlinge auf der Darmwand auch noch so dicht, dass dort einfach kein Platz mehr für Krankheitserreger ist. Unsere Darmflora ist also nicht nur ein Vor-Verdauer, sondern auch eine Schutztruppe und gleichzeitig ein wichtiger Trainingspartner für das für die Abwehr von Krankheitserregern zuständige Immunsystem. Wachsen Mäuse komplett ohne Mikrobiom im Darm auf, bleibt auch ihr Immunsystem unterentwickelt.

Dieses Mikrobiom siedelt aber nicht nur im Darm, sondern auch auf der Haut und auf Schleimhäuten in verschiedenen Körperteilen von der Mundhöhle bis zur Scheide. Meist handelt es sich um ein positives Miteinander, bei dem alle Beteiligten voneinander profitieren. Im Prinzip entpuppt sich jeder Mensch also als ein ähnlich komplexes Ökosystem wie der Amazonas-Regenwald, mit dem das Mikrobiom noch eine weitere wichtige

79
Organismen sind Metaorganismen, bestehend aus einem makroskopischen Wirt und synergetisch voneinander abhängigen Mikroben

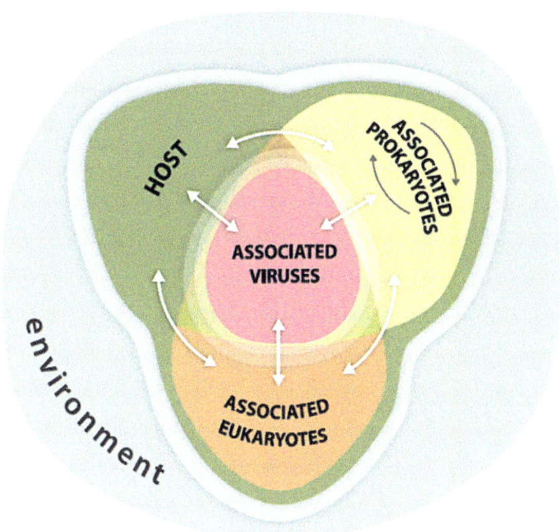

Gemeinsamkeit hat: Die Wissenschaft kennt noch längst nicht alle Komponenten dieser Miniatur-Welt, und über die Eigenschaften und Funktionen der Mikroorganismen ist noch weniger bekannt.

Überhaupt kam die Forschung zum Mikrobiom erst mit den Methoden der modernen Erbgut-Analyse so richtig in Schwung, erklärt Thomas Bosch vom Zoologischen Institut der Kieler Universität. Denn mit deren Hilfe lässt sich die Vielfalt der Mikroorganismen am besten entschlüsseln (Abb. 79). Und das mit durchaus verblüffenden Ergebnissen, die der Stadtplanung wichtige Hinweise geben. Leben doch weltweit zunehmend mehr Menschen in den Städten und damit in einem völlig anderen Ökosystem als ihre Eltern und Großeltern, die noch auf dem Land zuhause waren. Längst verbringen sehr viele Städter einen Großteil ihrer Zeit nicht mehr an der frischen Luft, sondern in Innenräumen. Obendrein leben im Grün vieler Städte deutlich weniger Arten als auf dem Land.

Diese drastische Änderung der Lebensweise hat längst ihre Spuren im Mikrobiom hinterlassen. So haben die Naturvölker im

80
Beim sog. Bosco Verticale in Mailand ist eine dichte Baumbepflanzung in die Fassade moderner Hochhäuser integriert

Amazonasgebiet, die sich noch heute überwiegend vom Sammeln von Essbarem, von der Jagd und vom Fischfang ernähren, doppelt so viele Bakterienarten im Darm wie ein typischer Europäer oder Nordamerikaner, nennt Thomas Bosch einen dramatischen Unterschied. Die Zusammenhänge sind eindeutig: Je weiter Menschen sich vom Leben in einem kleinen Dorf entfernen und je größer die Städte sind, in denen sie leben, umso geringer wird die biologische Vielfalt in ihrem Darm. Und je geringer die Biodiversität im Mikrobiom wird, umso häufiger plagen sich die Leute mit Lifestyle-Krankheiten wie Übergewicht und Asthma, Multipler Sklerose und Neurodermitis, Herz-Kreislauf-Erkrankungen, chronischen Darmentzündungen und Nahrungsmittelallergien herum.

Der Verlust der biologischen Vielfalt im Darm durch das Stadtleben erhöht also die Gesundheitsrisiken. Und diesen Trend gibt es nicht nur in der Theorie, er lässt sich mit handfesten Statistiken belegen. So kommen Kinder auf dem Land mit viel mehr

81
Gemeinschaftsgarten Bostanie in Skopje (Nordmazedonien)

Mikroorganismen in Berührung als der Nachwuchs in einer oft recht sterilen Stadt. Mit fatalen Folgen: Ähnlich wie die Mäuse ohne Darm-Mikrobiom ein unterentwickeltes Immunsystem haben, ist auch die Leistungsfähigkeit der Abwehrkräfte von Stadtkindern stark eingeschränkt – und in den Metropolen leiden viel mehr Menschen an Allergien und Autoimmunkrankheiten.

Die Stadtplanung sollte daraus nach Meinung von Thomas Bosch ihre Schlüsse ziehen: Anstatt Häuser als sichere Bollwerke gegen Bedrohungen von außen zu entwerfen, in die Mikroorganismen kaum eindringen können, sollte man diesen Winzlingen eine Chance geben – und so auch das schwindende Mikrobiom der Städter wieder besser auf Trab bringen (Abb. 80).

Funktionieren kann dieser Ansatz allerdings nur, wenn die Forschung über die »Mikrobiologie der gebauten Umwelt« auf Hochtouren läuft. Nur dann kann man wichtige Hinweise erhalten, wie sich die Vielfalt im Mikrobiom erhöhen lässt, um die Gesundheit der Stadtmenschen zu verbessern und die Häufigkeit von Volkskrankheiten einzudämmen. Am gar nicht so fernen Horizont tauchen also ganz neue Herausforderungen für die Stadtplanung auf (Abb. 81).

Ein Blick in die Zukunft

In welchen Städten wollen wir leben? Und wie kriegen wir das hin? Die beiden zentralen Fragen vom Beginn dieses Buches sollen auch an seinem Ende noch einmal auftauchen. Die Antworten, die man darauf geben kann, sind so vielfältig wie die vorgestellten Projekte und Forschungsergebnisse. Jede Wissenschaftsdisziplin liefert dazu ihre eigenen Perspektiven und Ideen. Entsprechend bunt ist das Bild, das man aus all diesen Puzzleteilen zusammensetzen kann. Und je genauer man die Städte der Erde unter die wissenschaftliche Lupe nimmt, umso mehr Facetten kommen dazu. Manchmal auch ziemlich überraschende.

So wäre noch vor wenigen Jahrzehnten wohl kaum jemand auf den Gedanken gekommen, dass der weltweite Trend zur Urbanisierung die Darmflora von Menschen verändern könnte. Geschweige denn auf die Idee, dass dieses Phänomen wegen seiner Konsequenzen für die Gesundheit bei der Planung künftiger Städte berücksichtigt werden sollte. Inzwischen aber gibt es immer mehr Hinweise auf solche Zusammenhänge: Offenbar hinterlassen Städte im Körper ihrer Bewohnerinnen und Bewohner subtile Spuren, die man lange übersehen oder unterschätzt hatte. Erst in letzter Zeit gelingt es dank moderner wissenschaftlicher

Methoden, sie besser zu lesen und zu interpretieren. Und das gilt keineswegs nur für den Darm. Sondern zum Beispiel auch für das Gehirn.

Denn dieses Organ ist deutlich plastischer, als Fachleute lange angenommen hatten: Bis ins hohe Alter können darin sowohl neue Nervenzellen wachsen als auch die alten neu verdrahtet werden. Beides kann die Leistungsfähigkeit und Gesundheit des Gehirns fördern. Umso spannender ist die Frage, ob und wie sich diese Vorgänge von außen beeinflussen lassen.

Schon länger ist bekannt, dass sich etwa Sport, Ernährung oder auch bestimmte Computerspiele deutlich auf das Denkorgan auswirken. Doch auch ganz alltägliche Eindrücke aus der Umgebung scheinen im Kopf wichtige Strippen zu ziehen. Diese Reize aber sind für heutige Stadtmenschen nicht mehr dieselben wie für ihre Ahnen in früheren Epochen der Menschheitsgeschichte.

Welche Konsequenzen das hat, untersuchen Forschungsteams am Universitätsklinikum Hamburg-Eppendorf (UKE) und am Max-Planck-Institut für Bildungsforschung in Berlin. Simone Kühn und ihre Kolleginnen und Kollegen finden dabei immer wieder Indizien dafür, dass eine natürliche Umgebung das Denkorgan positiv beeinflussen kann. Wer zum Beispiel eine Stunde lang durch den Wald spaziert, kann dadurch die Aktivität des sogenannten Mandelkerns senken, der an Angst- und Stressreaktionen beteiligt ist. Nach einem gleichlangen Stadtbummel fand sich in diesem Hirnbereich dagegen keinen solcher Effekt. Versetzt man Menschen mithilfe von Virtual-Reality-Brillen in eine natürlich wirkende Landschaft, so fühlen sie sich dort nicht nur wohler als zwischen Häuserfronten. Es fällt ihnen in dieser Situation auch leichter, Rechenaufgaben zu lösen. Und je mehr Grün vor dem Fenster eines Krankenzimmers zu sehen war, umso früher konnten Patientinnen und Patienten aus der Depressionsstation des UKE entlassen werden.

Wenn Stadtmenschen angeben, dass sie sich in Vierteln mit vielen Grünanlagen besonders wohl fühlen, ist das also mehr als ein subjektiver Eindruck. Der Zusammenhang zwischen Natur und Lebensqualität wurzelt messbar in ihrem Gehirn. Deshalb wollen Simone Kühn und ihr Team möglichst genau herausfinden, auf welchen Faktoren solche Effekte beruhen: Sind es vor allem visuelle Eindrücke, die sich im Gehirn positiv bemerkbar machen? Welche Rolle spielt die akustische Untermalung vom Vogelgezwitscher bis zum Blätterrauschen? Und ist auch die Nase an den entsprechenden Vorgängen beteiligt?

Je besser sie diese Zusammenhänge verstehen, umso fundiertere Vorschläge können die Forscherinnen und Forscher für die Gestaltung künftiger Städte machen. Wenn es nach ihnen geht, soll dieser wichtige Lebensraum sowohl das Wohlbefinden als auch die geistige Leistungsfähigkeit der dortigen Menschen fördern. Vielleicht gibt es sogar Möglichkeiten, psychischen Erkrankungen wie Schizophrenie, Depression und Angststörungen vorzubeugen, die aus noch nicht genau bekannten Gründen in Städten häufiger auftreten als auf dem Land.

Auch die Design-Empfehlungen anderer Wissenschaftsdisziplinen dürften in Zukunft eine noch wichtigere Rolle spielen als bisher. Vor allem, wenn die Bevölkerungs-Prognosen der Vereinten Nationen zutreffen. Denn wenn die Städte ihre Sogwirkung auch in Zukunft behalten, werden nicht nur immer mehr Menschen unter den dortigen Fehlentwicklungen leiden oder von einer gelungenen Planung profitieren. Es könnte durchaus sein, dass die Städte im Zuge ihres eigenen Erfolgs auch neue Funktionen übernehmen müssen.

Das gilt zum Beispiel für die Versorgung mit Nahrungsmitteln. Die wurden traditionell meist im Umland angebaut oder auch aus weiterer Entfernung herantransportiert. Doch wird diese Arbeitsteilung zwischen Stadt und Land auch in Zukunft noch so funktionieren wie gewohnt? Einige Fachleute haben da ihre

Zweifel. Zwar wächst die Weltbevölkerung inzwischen deutlich langsamer als in früheren Jahrzehnten. Trotzdem werden den jüngsten UN-Prognosen zufolge bis zum Jahr 2050 rund 9,7 Milliarden Menschen auf der Erde leben.

Wenn dann auch noch der größte Teil davon in Städten wohnt und arbeitet, könnte es mit der Versorgung knapp werden. Um alle satt zu bekommen, wird man sich womöglich nicht allein auf effizientere Anbaumethoden und Fortschritte in der Tier- und Pflanzenzucht verlassen können. Zumal der Klimawandel die nutzbaren Äcker und Weiden weltweit immer weiter schrumpfen lässt. Und weiterhin Wälder abzuholzen, um neue Anbauflächen zu gewinnen, ist ökologisch und aus Klimaschutz-Gründen kaum zu verantworten.

Woher also sollen die Nahrungsmittel in Zukunft kommen? Eine Idee besteht darin, die Landwirtschaft künftig mehr in Städte und Innenräume zu verlegen. Das soll Energie, Ressourcen und Platz sparen und die Stadtbevölkerung auf nachhaltige Weise mit gesunden Lebensmitteln direkt aus ihrer Nachbarschaft versorgen. Weltweit tüfteln Wissenschaftlerinnen und Wissenschaftler bereits an Indoor-Farmen, die solchen Ansprüchen genügen.

Am weitesten sind diese Bemühungen schon im Bereich des Pflanzenbaus gediehen. Mit einer als »Hydroponik« bekannten Methode lassen sich Gemüse-, Zier- und Arzneipflanzen direkt in einer wässrigen Lösung heranziehen, die alle wichtigen Nährstoffe enthält. Das verbraucht weniger Wasser und weniger Platz als der herkömmliche Anbau in der Erde. Man kann die Pflanzen auf diese Weise in Boxen oder auf großen Tabletts kultivieren, die sich in mehreren Etagen übereinanderstapeln lassen. Da sie mithilfe von LEDs oft künstlich beleuchtet werden, lassen sich solche Pflanztürme in beliebigen Innenräumen errichten, etwa in Lagerhallen oder Kellern. In etlichen Ländern rund um die Welt sind solche Indoor-Gewächshäuser bereits in Betrieb.

Allerdings müssen sich Stadtfarmen keineswegs nur auf vegetarische Produkte beschränken. So hat ein Team um Werner Kloas vom Leibniz-Institut für Gewässerökologie und Binnenfischerei (IGB) in Berlin ein Verfahren entwickelt, das Gemüsebau und Fischzucht kombiniert. Der Vorteil dabei: Was im einen Bereich als Abfall übrigbleibt, wird im anderen zur wichtigen Ressource.

Denn wenn man Fische in einer Aquakultur hält, muss man jeden Tag einen Teil des Wassers austauschen. Sonst reichert sich darin zu viel Nitrat an, das aus den Stoffwechselprodukten der Tiere entsteht. Doch statt es über die Kläranlage zu entsorgen, lässt sich dieses Wasser als Flüssigdünger für Tomatenpflanzen verwenden. Auch das von den Fischen ausgeatmete Kohlendioxid können die Pflanzen verwerten, um mittels Fotosynthese Energie zu gewinnen und im Gegenzug Sauerstoff zu produzieren.

Der Wasserdampf, den sie aus ihren Spaltöffnungen abgeben, kommt im Gegenzug wieder den Fischen zugute: Er wird durch ein Kühlsystem kondensiert und wieder in den Fischkreislauf eingespeist. So entsteht ein nahezu geschlossener Wasserkreislauf, der so gut wie kein Wasser verbraucht und in dem Ressourcen wie Nährstoffe, Wärme und Strom doppelt genutzt werden können. Sowohl bei den Tomaten als auch bei etlichen Arten von Süßwasserfischen hat das Verfahren gute Erträge geliefert.

Diese Erfahrungen fließen in ein Projekt namens »CUBES Circle« ein, das an der Humboldt-Universität zu Berlin (HU) koordiniert wird. Ein interdisziplinäres Forschungsteam tüftelt darin an einer Indoor-Farm, die neben Gemüse und Fisch noch eine dritte Produktionslinie hat: Die Insektenzucht. In speziellen Containern wachsen darin Arten wie die robusten und anspruchslosen Soldatenfliegen aus dem tropischen Afrika heran. Diese verwerten den Biomüll aus der Gemüseproduktion und die Sedimente aus den Fischbecken. Ihre Larven können dann als hochwertiges Fischfutter dienen. Das Projektteam sieht das als einen weiteren Schritt in Richtung einer kreislaufbasierten und abfallfreien Nahrungsmittelproduktion, die an nahezu jedem beliebigen Ort auf der Welt stattfinden kann.

Diese wenigen Beispiele zeigen, dass die Städte der Erde auch in Zukunft ihr Gesicht verändern werden. Um weiterhin Erfolgsmodelle des menschlichen Zusammenlebens zu bleiben, haben sie gar keine Alternative. Schließlich gilt es, auf immer neue soziale und wirtschaftliche, technische und ökologische Entwicklungen zu reagieren. Die Herausforderungen für ein gelungenes Urban Design dürften nicht weniger werden. Die Chancen aber auch nicht.

Abbildungs-/Quellennachweis

Abb. 1, 2	Zeichnung: Susanne Beyer, Institut UFG
Abb. 3	Foto: Sara Jagiolla, Institut UFG
Abb. 4	Foto: Bruno Coelho / Alamy Stock Photo
Abb. 5	Foto: angus McComiskey / Alamy Stock Photo
Abb. 6	Foto: D. Kennedy. APAAME_20081029_DLK-0059
Abb. 7	Foto: Petr Svarc / Alamy Stock Photo
Abb. 8	Foto: Vyacheslav Argenberg / https://commons.wikimedia.org/wiki/File:Great_Colonnade_at_Apamea_2,_Apamea,_Syria.jpg (unverändert; CC BY 4.0: https://creativecommons.org/licenses/by/4.0/deed.en)
Abb. 9	Foto: https://commons.wikimedia.org/wiki/File:Konstanz_Muenster_Heiliggrab.jpg.
Abb. 10	Foto: https://commons.wikimedia.org/wiki/File:Konstanz_M%C3%BCnster_Krypta_Konrad-Goldscheibe_01.jpg.
Abb. 11	Foto: https://commons.wikimedia.org/wiki/File:Konstanz_M%C3%BCnster_Westportal_Konrad_01.jpg.
Abb. 12	Foto: https://commons.wikimedia.org/wiki/File:D-BW-KN-Konstanz_-_Notgeld_-_1923_-_100_Milliarden_Mark_-_R.jpg.
Abb. 13	Foto: Berlin, Staatsbibliothek, mgf 1, fol. 263v.
Abb. 14	Foto: Nürnberg, Germanisches Nationalmuseum, Bibliothek, HS 998, fol. 192r
Abb. 15	Foto: Bibelmuseum Münster, AmD 20: Stundenbuch von Bedford (Faksimile; Original British Library Add. MS 18850, fol. 17v)
Abb. 16	Foto: Elias Diebel artist QS:P170,Q1329023 (16. Jahrhundert). (https://commons.wikimedia.org/wiki/File:WP_Diebel_Lübeck.jpg), »WP Diebel Lübeck«, als gemeinfrei gekennzeichnet, Details auf Wikimedia Commons: https://commons.wikimedia.org/wiki/Template:PD-old
Abb. 17	Foto: M. Schneider, Was bleibt? Archäologie und Öffentlichkeit in der Hansestadt Lübeck, in: M. Schneider, C. Kiminus-Schneider (Hrsg.), Lübecker Kolloquium zur Stadtarchäologie im Hanseraum XI: Archäologie im Hier und Jetzt (Lübeck 2021) 322 Abb. 7.

Abb. 18, 19 Foto: Olaf Schmidt-Rutsch und Wolfram Essling-Wintzer, Vergessene Stahlzeit – Die Steinhauser Hütte in Witten. Ein Beispiel für die Herausforderungen und das Erkenntnispotential der Industriearchäologie, in: F. Jürgens, U. Müller (eds.), Archäologie der Moderne. Standpunkte und Perspektiven (Bonn 2020) 103 Abb. 2.

Abb. 20 Foto: Островский Александр, Киев (https://commons.wikimedia.org/wiki/File:NRW,_Oberhausen,_Klosterhardt_-_St._Antony_Hutte_02.jpg), »NRW, Oberhausen, Klosterhardt - St. Antony Hutte 02«, https://creativecommons.org/licenses/by-sa/3.0/legalcode

Abb. 21 Foto: G. Schwedler

Abb. 22 Foto: Bibliothèque du Grand Séminaire de Strasbourg (Photo Claude TRUONG-NGOC, Wiki Commons, This file is licensed under the Creative Commons Attribution-Share Alike 3.0 Unported)

Abb. 23, 24 Foto: G. Schwedler

Abb. 25 Foto: Damir-zg © wikicommons This file is licensed under the Creative Commons Attribution-Share Alike 4.0 International license.

Abb. 26 Foto: https://upload.wikimedia.org/wikipedia/commons/a/a8/Das_alte_Kaufhaus_auf_dem_sogenannten_Brand_zu_Mainz.jpg

Abb. 27 Foto: https://upload.wikimedia.org/wikipedia/commons/9/9d/G%C3%B6ttweiger_Hof%2C_Stein_an_der_Donau.jpg

Abb. 28 Foto: https://upload.wikimedia.org/wikipedia/commons/9/98/Kupferstich_-_Mauthalle_N%C3%BCrnberg_-_Delsenbach_-_1725.jpg

Abb. 29 Quelle: *Tehrān Negāri. Ṭehrān dar maṭbūʿāt-e doure-ye qāǧār*, (Hrsg. Reżā Šīrāzīyān), Tehran 1354/1975, S. 10

Abb. 30 Foto: https://upload.wikimedia.org/wikipedia/commons/e/e2/1885_Pavilion_of_the_Anderoon%2C_or_women%27s_apartment%2C_Royal_Palace%2C_Tehran_CenturyMagazine.png

Abb. 31 Foto: https://livingintehran.com/2020/05/07/old-tehran-downtown-sightseeing/lalehzar/ @ All rights reserved Living in Tehran

Abb. 32 Foto: bpk / Deutsches Historisches Museum

Abb. 33 Foto: https://upload.wikimedia.org/wikipedia/commons/b/bb/Welthauptstadt_germania_09.jpg

Abb. 34, 35 Foto: A. Haug.

Abb. 36 Quelle: Haug 2023, Abb. 19

Abb. 37 Foto: - https://upload.wikimedia.org/wikipedia/commons/3/39/Ancient_Roman_Pompeii_-_Pompeji_-_Campania_-_Italy_-_July_10th_2013_-_03.jpg

Abb. 38 Foto: A. Haug

Abb. 39 Foto: Haug 2023, Abb. 65

Abb. 40 Foto: Haug 2023, Abb. 132

Abb. 41 Foto: A. Haug

Abb. 42 Foto: Haug 2023, Abb. 253.

Abb. 43, 44 Foto: A. Haug

Abb. 45 https://upload.wikimedia.org/wikipedia/commons/3/37/Pompei_5234.jpg

Abb. 46 https://upload.wikimedia.org/wikipedia/commons/8/85/In_situ_wall_fresco_with_erotic_scene_in_the_Lupanar_%2C_Pompeii_%2814856973011%29.jpg

Abb. 47, 48 Foto: A. Haug

Abb. 49 Haug 2023, Abb. 285

Abb. 50 Plan: Studio di Architettura, Mailand.

Abb. 51–53 Foto: M. Meisse.

Abb. 54 Foto: 16-07-04-Abflug-Berlin-DSC 0122 https://upload.wikimedia.org/wikipedia/commons/a/aa/16-07-04-Abflug-Berlin-DSC_0122.jpg

Abb. 55–61 Priebs

Abb. 62 Foto: I. Breckner

Abb. 63 Foto: M. Bricocoli

Abb. 64 AdobeStock 215559993 digital Transformation

Abb. 65 AdobeStock_226712799 Digital network connection lines of Hong Kong Downtown

Abb. 66 Foto: T. Lücker.

Abb. 67 Foto: R. Meingast.

Abb. 68 Foto: T. Lücker.

Abb. 69 Abbildung: Sabine Schlüter

Abb. 70 Foto: U. Pappalardo, Griechische und römische Mosaiken (München 2012) 79 Abb. 50.

Abb. 71 Abb. 71 Foto: Vincent Steinhart-Besser, Simeon Ortmüller/Muthesius Kunsthochschule

Abb. 72 © CAPTN-Initiative

Abb. 73 Foto: https://upload.wikimedia.org/wikipedia/commons/f/fo/Fotothek_df_ps_0000014_Versehrte_des_2._Weltkrieges_%28Beinamputierte%29_mit_Unterar.jpg

Abb. 74 Foto: https://upload.wikimedia.org/wikipedia/commons/f/f7/Bundesarchiv_Bild_183-J1212-0301-003%2C_Berlin-Buch%2C_Klinikum%2C_Rehabilitationszentrum.jpg

Abb. 75 Quelle: https://unsplash.com/photos/AU07BMLW1NA.

Abb. 76 Foto: https://pixabay.com/de/photos/senior-alten-menschen-paar-3336451/.

Abb. 77 Foto: https://pixabay.com/de/photos/germany-architecture-city-travel-2693087/.

Abb. 78 Foto: https://upload.wikimedia.org/wikipedia/commons/8/8c/Automated_external_defibrillator_%28AED%29_Automatyczny_defibrylator_zewn%C4%99trzny%2C_Tomasz%C3%B3w_Mazowiecki%2C_Poland.jpg

Abb. 79 Grafik: Th. Bosch.

Abb. 80 Foto: Angelo Stara auf Unsplash: https://unsplash.com/photos/Uj8NUWvDnes.

Abb. 81 Quelle: https://commons.wikimedia.org/wiki/File:Collective_gardening.jpg.

Bibliografische Information der Deutschen Nationalbibliothek

Die Deutsche Nationalbibliothek verzeichnet diese Publikation in der Deutschen Nationalbibliografie; detaillierte bibliografische Daten sind im Internet über https://portal.dnb.de abrufbar.

Das Werk ist in allen seinen Teilen urheberrechtlich geschützt. Jede Verwertung ist ohne Zustimmung des Verlages unzulässig. Das gilt insbesondere für Vervielfältigungen, Übersetzungen, Mikroverfilmungen und die Einspeicherung und Verarbeitung durch elektronische Systeme.

© 2023 Verlag Ludwig

Holtenauer Straße 141
24118 Kiel
Tel.: 0431-85464
Fax: 0431-8058305
info@verlag-ludwig.de
www.verlag-ludwig.de

Titelabbildung: Gerd Altmann/Pixabay
Gestaltung und Satz: Inge Schumacher

Gedruckt auf säurefreiem und alterungsbeständigem Papier unter Einsatz von mineralölfreien Farben

Printed in Germany

ISBN 978-3-86935-459-0